D1924664

Wittschier · Konflixt und zugenäht

Bernd M. Wittschier

Konflixt und zugenäht

Konflikte kreativ lösen durch Wirtschafts-Mediation

GABLER

Die Deutsche Bibliothek – CIP-Einheitsaufnahme

Wittschier, Bernd M.
Konflixt und zugenäht : Konflikte kreativ lösen durch Wirtschaftsmediation / Bernd M. Wittschier. – Wiesbaden : Gabler, 1998
ISBN 3-409-18967-X

Lektorat: Ulrike M. Vetter

Der Gabler Verlag ist ein Unternehmen der Bertelsmann Fachinformation GmbH.

http://www.gabler-online.de

Umschlaggestaltung: Schrimpf und Partner, Wiesbaden
Satz: Fotosatz L. Huhn, Maintal-Bischofsheim
Druck und Bindung: Wilhelm & Adam, Heusenstamm
Printed in Germany

ISBN 3-409-18967-X

Inhaltsverzeichnis

IX. KAPITEL
Konflikt-Geschichten, die das (Berufs-)Leben schreibt ___ 163

Vorwort

[illegible]

Vorwort

In unseren Unternehmen liegen große Energien brach. Kreativität ist in reichlichem Maße vorhanden. Durch ungelöste Konflikte wird jedoch kreatives Potential auf den falschen Schauplätzen für falsche Zwecke verschwendet, was zu Lähmungserscheinungen führt.

Was können wir tun? Wie läßt sich das immense Energie-Potential von Führungskräften und Mitarbeitern aktivieren? Vor allem die Fähigkeit, Konflikte zu erkennen und zu lösen, ist wichtig. Denn werden Konflikte und Irrtümer nicht als selbstverständliche Begleiter – ja geradezu als Voraussetzung jeden Denkens und Handelns, das ins Neue gerichtet ist – begriffen, fehlen einer Organisation und einer Gesellschaft insgesamt die geistigen Voraussetzungen zur Entwicklung, die immer auf zwei Dinge zielen muß: Anpassung an und Steuerung von Entwicklungsprozessen.

Es gilt, Konflikte professionell zu lösen und als Wachstumschance zu sehen, sie als Auslöser für die notwendige Veränderung an sich begreifen. Denn Konflikte sind ein Signal dafür, daß etwas nicht stimmt, und gleichzeitig, daß etwas verändert werden muß oder sich bereits verändert hat. Entscheidend ist also das in jedem Konflikt steckende Veränderungspotential, das der Weiterentwicklung, dem Fortschritt, der Verbesserung und Erneuerung dient.

Wie können wir die Kraft, die jedem Konflikt innewohnt, umwandeln in Wachstumsenergie und Reife? Menschen in Unternehmen müssen heute für morgen die optimale Form von Zusammenarbeit erlernen, erfahren und mitgestalten können, damit die Arbeitsatmosphäre, das Zwischenmenschliche als Erfolgsfaktor zum Tragen kommt. Nur dann kann ein maximaler materieller wie immaterieller Gewinn erzielt werden.

Wann immer es uns gelingt, die außerordentlichen und einzigartigen Fähigkeiten in einem Menschen zu entdecken, zu entwickeln und zum Vorschein zu bringen, ernten wir Loyalität, Motivation und Leistungsbereitschaft, entwickeln wir gleichzeitig Sinnhaftigkeit und Identifikation mit Aufgaben und Zielen. Mitarbeiter wollen nicht wirklich besser sein als andere, sondern die tiefe Sehnsucht des Menschen ist es, einzigartig oder herausragend zu sein, eben er selbst. Diese Sehnsucht ist eine Kraftquelle, die – erkannt und nutzbar gemacht – sich als primäre Ursache von Erfolg erweist. Seine Mitarbeiter nicht kraftvoll auf ein gemeinsames Ziel hin zu motivieren ist Verschwendung und Vergeudung menschlicher Ressourcen. Und eine der vornehmlichsten Führungsaufgaben ist es, Sinn zu stiften und zu vermitteln, Mitarbeiter zu loben und zu respektieren.

Und so sind Führungskräfte für die Zukunft gefragt, die weniger Vorgesetzte sind, sondern Partner und Berater, und ihre wichtigste Rolle wird die des Coachs und Konfliktmanagers sein. Gefragt ist daher mehr Mut zur Offenheit und Klarheit, gefragt ist Kommunikation und der respektvolle Dialog. Es bedarf einer gehörigen Portion an persönlichem Mut, sich auf die Anforderungen der Zukunft, also auf Veränderung und Wandel einzulassen und das Mögliche genauso wichtig zu nehmen wie das Wirkliche. Wer sich in schwierigen Zeiten auf seine Mitarbeiter verlassen kann, hat gute Chancen, Veränderungsprozesse einzuleiten, umzusetzen und den Strukturwandel erfolgreich zu meistern.

Viele Führungskräfte nehmen Konflikte nicht wahr, verdrängen oder tabuisieren sie oder gehen nicht sinnvoll damit um. Daraus folgt zwangsläufig, daß Konfliktmanagement in Unternehmen ohne externe Hilfe kaum möglich ist. Es gibt genügend – auch tragische – Beispiele dafür, daß man mit der unternehmensinternen Lösungsstrategie fast immer Schiffbruch erleidet. Ganz einfach deshalb, weil die Beteiligten über keine oder wenig Erfahrung verfügen, solche Situationen produktiv und kreativ zu handhaben, oder weil sie irrtümlich glauben, sowieso schon ein reichhaltiges Lösungs-Repertoire zu besitzen. Fast immer scheitert es daran, daß Menschen nicht die Größe und Charakterstärke mitbringen, das eigene Ego zurückzustellen, um Konflikte im Sinne des Ganzen sachbezogen aus der Welt zu schaffen. Einen Konflikt zu haben und ihn auch zuzugeben ist kein Zeichen von Führungsschwäche. Im Gegenteil: Der echte Manager betrachtet dies als Chance, besser und erfolgreicher zu werden. Die Führungskraft der Zukunft zeichnet sich durch eine zusätzliche *Manager-Tugend* aus: *Konflikt-Kompetenz*.

Wenn Konfliktmanagement in den meisten Fällen unternehmensintern kaum erfolgversprechend erscheint, wer soll dann seinen Kopf dafür hinhalten? Und vor allem, welche Methode ist am erfolgversprechendsten? Seit Jahren beschäftige ich mich in meiner Beratungspraxis mit der „Wirtschafts-Mediation". Ich bin überzeugt: *Wirtschafts-Mediation ist das unternehmerische Führungs-Instrument bei der Konfliktlösung.* Wann, weshalb und wie die Wirtschafts-Mediation helfen kann, Konflikte zu meistern, möchte ich Ihnen in diesem Buch darlegen. Sicher, mein Lösungsansatz ist kein Wunderrezept, kein Allheilmittel. Wer ernsthaft als Verantwortungsträger gewillt ist, offen und offensiv mit dem Thema „Konflikt" umzugehen, für den führt kein Weg an der konkreten und praxisbezogenen Lösungsmethode „Wirtschafts-Mediation" vorbei. Soviel vorweg: Die Mediation, die ursprünglich wie vieles in der Managementberatung ihre Wurzeln in den USA hat, ist als Konfliktlösungs-Instrument deshalb so erfolgreich, weil sie den Menschen die Angst nimmt. Sie verdrängt nicht, sondern nennt die Probleme beim Namen. Sie analysiert und zerredet nicht, sondern löst.

Die Bücherregale zum Thema Konfliktmanagement sind meterweise gefüllt. Unter den zahlreichen Veröffentlichungen befinden sich auch einige sehr verdienstvolle, deren Erkenntisse, Theorien und Überlegungen ich berücksichtigt habe. Besonders hervorgehoben habe ich die Theorien und Methoden des Standardwerkes von Friedrich Glasl (siehe Kapitel III – VII), um die Mediation in einem neuen Licht erscheinen zu lassen. Weitere lesenswerte Quellen finden Sie am Ende des Buches.

Weshalb habe ich all das geschrieben? Weil mir völlig bewußt ist, daß für Sie, liebe Leserin, lieber Leser, der Konflikt überhaupt nicht existiert. Schön für Sie und Ihren Arbeitgeber. Bevor Sie jedoch dieses Thema und all das, was auch nur im entferntesten damit zu tun haben könnte, endgültig ad acta legen, beantworten Sie sich doch einmal die folgenden Fragen. Am besten im stillen Kämmerlein. Braucht ja keiner zu wissen, daß Sie es tun. Aber versuchen Sie dennoch, völlig ehrlich zu sein. Also, auf geht's:

- Ist Angriff wirklich die beste Art der Verteidigung?
- Gibt der Klügere wirklich nach?
- Gewinnt immer der Stärkere?
- Habe ich wirklich keine Chance gegen die – wie ich sie empfinde – drückende Überlegenheit von Kollegen, Mitmenschen und Vorgesetzten?
- Was mache ich, um nicht zwischen zwei Stühlen zu sitzen?
- Wie gehe ich mit meiner Wut um?
- Wie entkomme ich dem Sieg-Niederlage-Prinzip?
- Wie stelle ich Gewinner-Gewinner-Situationen her?

Genug der Fragen! Ich hoffe, die Antworten fielen Ihnen leicht. Vor allem wünsche ich mir, daß Sie dabei nicht geschummelt haben. Für Sie gibt es immer noch keine Konflikte!? Mit Verlaub, das glaube ich Ihnen nicht!

Für Hinweise, Korrekturen, Anregungen, Ideen bedanke ich mich bei Dieter Esser, Gaby Graumann, Martin Wittschier und Wolfgang Behrendt.

Erftstadt, August 1998 Bernd M. Wittschier

I. Kapitel
Wirtschafts-Mediation – erprobte Friedensinitiativen

Hallo Sie, ja Sie, beruhigen Sie sich doch. Erst einmal durchatmen und auspusten. Heute vormittag hat es wieder einmal richtig Streß in der Firma gegeben. Die Mitarbeiter spurten nicht, und der Chef kapierte wieder einmal gar nichts. Ein Adrenalinstoß nach dem anderen hat Sie erschüttert. Sie werden noch richtig krank darüber, daß die Leute in Ihrem Team immer noch nicht mit dem Projekt durch sind. Und Ihr Chef macht Druck und Druck, weil er Druck und Druck von weiter oben bekommt. Sie sind als „Sandwichman"/„Sandwichwoman" mittendrin.

War das schon ein handfester Konflikt, den Sie vor wenigen Stunden erlebt haben? Oder nicht doch nur alltägliche Pannen, übliche Reibereien, mehr oder weniger gravierende Meinungsverschiedenheiten, unterschiedliche Interessen, gesunder Wettbewerb, scharfe Konkurrenz, harte Kontroverse, ermüdende Debatten oder uneinsichtiges Beharren auf Standpunkten? Denken Sie bitte einmal darüber nach.

Im Auge des Hurrikans

All das, was Sie heute vormittag in Ihrem Betrieb erlebt haben, hat etwas mit Konflikt zu tun, es war konfliktnah, konfliktträchtig. Denn Ihre Erlebnisse können durchaus die Resultate nicht gelöster Konflikte sein. Nun ja, eine Panne kann immer wieder einmal geschehen. Wettbewerb und Konkurrenz beleben das Geschäft. Kontroversen und Debatten sind nicht ärgerlich, sondern im Gegenteil: wünschenswert, wenn es darin ausschließlich um die Sache geht. Aber Reibereien und Meinungsverschiedenheiten treten häufig auch um ihrer selbst willen auf. Einfach deshalb, weil die beteiligten Personen aus irgendwelchen Gründen nicht miteinander können. Dies bedeutet, der Ursprung solcher Auseinandersetzungen liegt in einem Konflikt, der ganz sicher nicht gelöst, der zugleich aber schon einige Zeit alt ist. Da geht es nicht mehr um die Sache, da treffen nur noch unbelehrbare Egos aufeinander. Die Auseinandersetzung um den besten Weg wird zum Tummelplatz unterschiedlicher Kontrahenten, die ihre Machtspielchen miteinander treiben müssen. Mit einem traurigen und garantierten Ergebnis: Chaos und Verlust sind programmiert.

Und Sie befinden sich genau im Auge eines Hurrikans. Um Sie herum tost das Chaos. Eine Besserung ist nicht in Sicht. Die Ereignisse des heutigen Vormittags werden sich morgen, nächste Woche und auch noch in drei Monaten wiederholen, falls Sie als Führungskraft nicht endlich einen Schlußstrich ziehen, damit der Sturm sich legt.

Ungelöste Konflikte

... verursachen unproduktive Gefühle wie Ärger, Haß, Neid, Rachsucht und Wut, die allzu menschlich sind, aber im Wirtschaftsleben nichts zu suchen haben. Ungelöste Konflikte im Geschäft machen auch krank. Wer sie als zentnerschwere Last mit sich herumträgt, ohne diese durch geeignetes Konfliktmanagement abzubauen, wird sich Ventile suchen. Das ist nur folgerichtig und – erneut – allzu menschlich. Der eine steigert seinen Alkoholkonsum, der andere raucht, was das Zeug hält. Ein dritter flüchtet sich in Drogen, und ein vierter verschafft sich psychische Luft durch Mobbing, unsoziales und unsolidarisches Verhalten. Abhängig von der individuellen Konstitution kommt das Herz früher oder später aus dem Takt, der Kreislauf spielt nicht mehr mit, und das Magengeschwür wuchert still, aber mit spürbarer Vehemenz vor sich hin. Früher oder später leiden und sinken die beruflichen Leistungen. Es wird utopisch, gesteckte Ziele zu erreichen, der Frust wächst, und schon befindet man sich in der persönlichen Chaos-Spirale, aus der es nur noch schwer ein Entrinnen gibt. Keine einfache Situation für Ihren Arbeitgeber, der Sie und Ihre Leistung bis dahin sehr geschätzt hat. Er gibt Ihnen noch eine Chance, aber nicht auf immer und ewig. Da ist ihm das Hemd des unternehmerischen Erfolgs weitaus näher als die Hose Ihres Schicksals.

Dreck bleibt Dreck

Und weshalb ist es soweit gekommen? Weil Sie nicht frühzeitig gegengesteuert haben. Sie haben schwelende oder manifeste Konflikte nicht zur Kenntnis genommen, haben Sie verdrängt oder tabuisiert. Sie haben darauf gehofft, daß sich alles schon von selbst regelt. Ihre eigene Konfliktscheu hat Sie zu dem gemacht, was Sie eigentlich nie sein wollten.

Aber was ist denn schon dabei, einen Konflikt zu erkennen, „kämpferisch" und offen mit ihm umzugehen und ihn auf diese Weise – wenn nicht ein für alle Mal, dann doch für die nächsten Monate – aus der Welt zu schaffen! Konflikte sind menschlich und natürlich. Sie sind genauso unvermeidbar wie nützlich. Wer seine Sinne dafür schärft, weiß, daß Konflikte wie Unwetter toben. Sie brausen auf und klingen ab, entladen sich möglicherweise an anderen Stellen. Nachdem Sie als Führungskraft gelernt haben, mit Konflikten unvoreingenommen umzugehen, werden Sie schnell erkennen, wie Ihre Mitmenschen dieses Thema handhaben. Sie tun genau das, was Sie selbst – zu Ihrem eigenen Nachteil – jahrelang praktiziert haben. Da werden Konflikte unter den Teppich gekehrt, bis er Falten wirft. Aber Dreck bleibt Dreck, auch unter einem Teppich. Konflikte können einen Flächenbrand auslösen: Zum Schluß steht alles lichterloh in Flammen, doch niemand weiß mehr, wo dieses Inferno eigentlich als kleines Feuerchen begonnen hat und was die Ursache dafür war.

Es liegt in der Natur des Menschen, daß er fast immer nur die Wirkungen sieht und sich von ihnen überraschen läßt. Dann fragt er – wenn überhaupt – ganz erstaunt nach den Ursachen, erkundigt sich, weshalb denn alles so gekommen sei. Nicht wissend oder sich nicht mehr daran erinnernd, daß er über die „Ursache" seinerzeit geradezu hätte stolpern müssen. Allein, er war nicht fähig oder auch nicht gewillt, diese „Ursache" – nämlich den Konflikt – offensiv anzugehen.

Kraftfutter für die Führungskraft

Dabei ist das gar nicht so schwer. Ich betone es noch einmal: Wer als Führungskraft zur Konfliktlösung selbst nicht willens und nicht fähig ist, der muß so stark und selbstbewußt sein, Hilfe von außen zu holen. Nicht immer, nicht in jedem Fall, aber zumindest anfangs. Eine gute Führungskraft zeichnet sich nicht zuletzt dadurch aus, daß sie lernfähig ist. Ja, man kann es lernen, Konflikte in seinem direkten betrieblichen oder beruflichen Umfeld zu lösen. Es ist erneut ein Zeichen von Führungsstärke, wenn man auf dem Weg dorthin jemandem traut, der in puncto Konfliktlösung Fachmann ist. Einen Konflikt, den man selbst gelöst oder dessen Lösung man initiiert hat, ist ähnlich befreiend und motivierend wie ein blendendes Abitur von Sohn oder Tochter, ein zutiefst befriedigendes sexuelles Erlebnis oder die Verbesserung des Handicaps auf dem Golfplatz. Gelöste Konflikte geben einem das Gefühl der Stärke. Man ist überlegen, man hat das eigene Ich besiegt. Sehen Sie mir bitte mein Pathos an dieser Stelle nach: Wer einen Konflikt löst, der beherrscht die menschliche Natur. Er hat sie diszipliniert. Er weiß, daß der Konflikt selbst in den meisten Fällen der Emotion entspringt, aber dessen Lösung verstandesorientiert sein muß, selbstverständlich ohne daß die Gefühle vollständig ausgegrenzt werden.

Sicher, es ist besser, gar nichts zu tun, als sich die Konfliktlösung der guten alten Zeit zurückzuwünschen. Da preschten die Ritter aufeinander zu, stachen und hieben so lange aufeinanderein, bis der Unterlegene nur noch ein Fall für die mittelalterliche Intensivstation irgendeines Scharlatans war. Später bevorzugte man mit dem Florett, dem Degen oder dem Säbel die etwas leichteren Waffen, die aber final eine ähnlich letale Wirkung zeigten, wie die kiloschweren Vorgängermodelle der Ritterschaften. Auch wer sein Gegenüber mit einer von vorne zu ladenden Handfeuerwaffe zittrig anvisierte, konnte so manches Problemchen und Problem endgültig aus der Welt schaffen. Entweder zu Lasten des Kontrahenten oder zum eigenen Nachteil. Egal wie, danach war nichts mehr so wie früher. Die damals zeitgemäßen, aber aus heutiger Sicht etwas unzivilisierten Methoden der Konfliktlösung hatten zumindest einen Vorteil: Jeder der Beteiligten wußte, daß früher oder später etwas geschehen mußte. Deshalb wurde die Konfliktlösung so früh wie möglich, am besten in der Morgendämmerung, vereinbart.

O tempora, o mores! Da geht es heutzutage doch ein wenig gesitteter, wenn auch nicht immer friedvoller zu, denn die Schlag- und Schußwaffen von früher sind heute das Arsenal, das dem Menschen intellektuell und rhetorisch zur Verfügung steht. Doch mit diesem Instrumentarium werden Konflikte in aller Regel nicht gelöst, sondern eher zu Lasten aller noch verschärft. Deshalb kommt es darauf an, möglichst früh gegenzusteuern und sich, ich wiederhole es gerne, kompetenter externer Hilfe zu bedienen, die das ermöglicht, was mit hauseigenem Personal nicht machbar ist. Deshalb, bevor Sie monatelang herumdiskutieren, alle möglichen Menschen im Unternehmen lamentieren lassen auf die Gefahr hin, daß das große Ganze darunter leidet, holen Sie sich einen Mediator, einen externen Fachmann ins Haus. Eigene Schwächen lassen sich durch Delegation und Verlagerung der Aufgaben in Stärken umwandeln. Dazu gibt es den Mediator und die Wirtschafts-Mediation.

Wirtschafts-Mediation hilft Kosten senken

Wirtschafts-Mediation ist eine Methode der Konflikt-Lösung im Unternehmen. Ursprünglich stammt sie aus den Vereinigten Staaten, wo sie seit den 70er Jahren praktiziert wird. In der Folgezeit wurde die Methode in den USA erfolgreich angewendet und stetig weiterentwickelt. Der Begriff „Mediation" heißt wörtlich übersetzt: Vermittlung. Es geht hierbei also um die Vermittlung bei Konflikten mit dem Ziel einer einvernehmlichen Konfliktlösung durch die Konfliktbeteiligten. Ein auf den ersten Blick ungewöhliches, weil doch mitunter sehr unübliches Procedere. Es mag abgedroschen klingen, aber beim Konfliktmanagement mit Hilfe des Mediations-Verfahren steht nun einmal der Mensch im Mittelpunkt. Konfliktlösungen werden nicht durch Vorgesetzte oder übergeordente Instanzen den Beteiligten von oben oktroyiert. Sondern diejenigen, die es in Wahrheit angeht, sind die wichtigsten Akteure. Das bedeutet im Umkehrschluß: Wer durch sein eigenes Zutun einen Konflikt verursacht hat oder dafür verantwortlich ist, soll auch zur Lösung beitragen.

Unsere Wirtschaft ist ein System, das sich fortlaufend verändert. Die weltwirtschaftliche Gesamtsituation hat großen Einfluß auf den nationalen wie internationalen Wettbewerb. Der äußere Druck wächst. Organisationsstrukturen werden rationalisiert und verschlankt, neue Arbeitsformen eingeführt, kundennahe und flexible Produkte entstehen, der Dialog mit der Öffentlichkeit nimmt zu. Damit schwillt gleichzeitig das Konfliktpontential an. Konfliktbearbeitung durch das Management aller Ebenen wird zu einer zentralen Aufgabe effizienter Führung von Unternehmen, Organisationen und Verwaltungen.

Die Praxis zeigt, daß es gerade dort zu besonders großen Zeit- und Energieverlusten sowie Kosten durch Doppelarbeiten, Demotivation, innere Emigration, irrationales Querschießen usw. kommt, wo Konflikte unter den Teppich gekehrt werden. Wer glaubt, es gäbe „konfliktfreie Zone", verkennt die Realität. Letztlich ist die Sichtweise unmenschlich und darüber hinaus sogar unökonomisch. *Wer den Konflikt verdrängt, scheut die Realität.* Wir müssen mit Konflikten leben, ob wir wollen oder nicht. Die Frage ist nur: Was dürfen sie kosten?

Wirtschafts-Mediation ist effizientes Konflikt-Management und hat für Ihr Unternehmen *rechenbare Vorteile*:

- Zeitgewinn und Kostensenkung durch Schaffung reibungsloser Arbeitsabläufe,
- höhere Produktivität durch engagierte Mitarbeiter,
- Imagesteigerung durch zufriedenere Kunden,
- mehr Entscheidungssicherheit und damit Einschränkung kostspieliger Fehlentscheidungen,
- Einsparung von Gerichtskosten,
- Unternehmensziele entwickeln sich zu Mitarbeiterzielen.

Nun ist es wenig sinnvoll, die Konfliktbeteiligten ohne Puffer mit ungefilterten Meinungen aufeinanderprallen zu lassen. Deshalb gibt es den „Mediator". Als Vermittler begleitet er aktiv den Prozeß der Konfliktlösung und sorgt dafür, daß die Beteiligten selber eine Lösung finden, die von allen akzeptiert wird. *Durch die Methode der Mediation gewinnen alle Seiten.* Was genau so wichtig ist: Alle Beteiligten können ihr Gesicht wahren. Das unausgesprochene und ungeschriebene Motto der Mediations-Strategie lautet somit: Wir ziehen an einem Strang. Gemeinsam ziehen wir den Karren aus dem Dreck.

Mit der Methode der Wirtschafts-Mediation wird die gesunde Konflikt- und Streitkultur im Unternehmen, also der fruchtbare Umgang mit Konflikten, methodisch und inhaltlich auf ein sicheres Fundament gestellt. Wirtschafts-Mediation beschränkt sich nicht auf „Feuerwehreinsätze", sondern schließt präventive Maßnahmen ein. Dazu gehört vor allem die Verbesserung der Sozialstruktur im Unternehmen. Sie zur Zufriedenheit aller zu verbessern, bedeutet nicht nur finanziell, sondern vor allem auch emotional und zeitlich zu investieren. Investitionen in die

Verbesserung der Sozialstruktur sind *hochrentable Wettbewerbs-Investitionen*. Und genau hier greift die Methode der Wirtschaft-Mediation.

Säge oder Hammer

Wirtschafts-Mediation ist die freiwillige Herstellung direkter Kommunikation durch Einbeziehung neutraler Dritter, um Vertrauen zwischen zwei oder mehreren Konfliktparteien aufzubauen. Das Ziel: eigenverantwortliche und konsensuale Regelung des Konflikts. Gemeint sind Kommunikation, Kooperation und Dialog im Konflikt, gemeint sind Verstehen und Verhandeln im Wettbewerb, gemeint sind Hinhören und die eigenverantwortliche Suche nach Lösungen anstelle von Konfrontation, Vernichtung und Delegation.

Die Herausforderung im Mediations-Prozeß ist es, bei einem Konflikt mit Hilfe einer neutralen, interdisziplinär geschulten dritten Partei eine Balance zu finden, die letztlich den eigentlichen Interessen und Bedürfnissen aller Parteien nützt.

Dieser Weg der Konfliktlösung klingt simpel und naheliegend. Sie selbst werden möglicherweise jetzt denken: Da erzählt er uns nichts Neues. Zugegeben, das Mediations-Verfahren zur Konfliktlösung hat das Rad bei der Management-Beratung nicht neu erfunden. Aber wenn alles wirklich so einfach und wohlbekannt wäre, weshalb praktizieren Sie es denn nicht? Weshalb haben Sie Ihre Konflikte, die es garantiert gibt, bis heute noch nicht gelöst? Weil Sie möglicherweise versucht haben, mit einer Säge einen Nagel zu versenken! Die meisten denken überhaupt nicht daran, den Konflikt-Streß aktiv anzupacken, geschweige denn, eine passende Lösungsmethode zu wählen, mit der alle leben können, weil sie keine frustrierten, sondern motivierte Beteiligte hinterläßt. Deshalb: Nicht alles, was auf den ersten Blick simpel und selbstverständlich anmutet, ist es beim näheren Hinsehen wirklich.

II. Kapitel
Schrittweise raus aus dem Chaos

Konflikte zu lösen ist eigentlich die normalste Sache der Welt. Deshalb wundert es, wie wenige das wirklich tun. Um aus dem Ungewohnten, mitunter auch Unliebsamen, das Alltägliche zu machen, empfiehlt sich die Schritt-für-Schritt-Strategie.

1. Schritt: Der runde Tisch

Das hört sich leicht an, ist aber längst nicht so einfach wie gedacht. Schon der Begriff „Konfliktpartei" deutet auf Polarisierung hin. Er spricht Bände über das vorhandene Streß- und Reibungspotential.

Einverständnis und Bereitschaft

In diesem ersten Schritt kommt es deshalb darauf an, *Gemeinsamkeit* zu erreichen. Sobald auch nur der zarteste Wunsch zur Kooperation besteht, ergreife man diese Gelegenheit beim Schopf. Nach Möglichkeit jedoch nicht spontan, sondern nach guter Vorbereitung und intensiver Überlegung. Wie kann eine solche Gemeinsamkeit erreicht werden? Mit welchen Schwierigkeiten, mit welchen Hindernissen muß man rechnen?

Diese Fragen müssen im Vorfeld geklärt sein. Entscheidend über Erfolg und Mißerfolg ist, daß unter den Konfliktparteien Einsicht, Einverständnis und Bereitschaft vorliegen, sich auf eine Konfliktlösung einzulassen. Diese Zustimmung muß nicht unbedingt aus vollem Herzen erfolgen, eine durchaus gesunde Skepsis darf ruhig mitspielen.

Im ersten Schritt ergeben sich zwei alternative Initialzündungen. Die bessere von den zweien: Beide Parteien wollen von sich aus die Konfliktlösung mit Hilfe des Mediations-Verfahrens. Dies ist die ideale, weil müheloseste Form des konstruktiven Beginns. Aber sie stellt zugleich auch die unwahrscheinlichste Möglichkeit dar.

Bei der zweiten Alternative möchte nur eine der beiden Konfliktparteien mitmachen. Die andere stellt sich stur, ist uneinsichtig, bezweifelt den Nutzen eines solchen Ansatzes. Hier kommt der Mediator unweigerlich ins Spiel. Er versucht im Auftrag der „willigen“ Partei die andere Seite zu einem gemeinsamen Gespräch zu bewegen. Ausschlaggebend und deshalb überzeugend für das Vorgehen des Mediators ist es, daß er mit seiner Arbeit keine persönlichen, eigennützigen Interessen verfolgt. Naturgemäß geht es ihm ausschließlich um die Sache und nicht um Parteinahme. Deshalb ist sein Vorschlag, den er als *unbeteiligter Dritter* unterbreitet, in aller Regel überzeugend und führt in 98 Prozent der Fälle zum angestrebten Ziel.

Sofern zumindest einer der Beteiligten von der Notwendigkeit einer Konfliktlösung überzeugt ist, findet der Mediator eine vergleichsweise solide Basis für seine Arbeit vor. Weitaus komplizierter wird die Umsetzung einer Lösungsstrategie, wenn alle Beteiligten sich hartleibig und kompromißlos zeigen. Was geschieht, wenn keine der beiden Konfliktparteien zu einem Gespräch bereit ist? Wenn also gutes Zureden und/oder geschicktes Vorgehen des „Mediators" nicht auf fruchtbaren Boden fallen, sondern – im Gegenteil – der Konflikt durch die Einmischung von außen eskaliert? Die beste Voraussetzung für eine erfolgreiche Mediation bleibt die Einsicht in die Notwendigkeit und ein hoher Leidensdruck bei den Beteiligten. Deshalb ist überstürzter Aktionismus kontraproduktiv. Es ist schädlich, die Konfliktparteien gegen ihren Willen in eine Mediation hineinzudrängen. Die Zeit für ein erfolgreiches Agieren muß bereits „reif" sein.

Rückendeckung von oben

Sinnvoll und erfreulich, aber durchaus problematisch kann es sein, wenn der oder die Vorgesetzte der Konfliktparteien die Initiative ergreift und einem Mediator den Auftrag zur Konfliktlösung gibt. Es ist immer noch besser als Passivität, doch die am Konflikt Beteiligten sollten sich dadurch nicht allzu sehr unter Druck gesetzt fühlen. Eine durchaus zweischneidige Sache, für das Unternehmen als auch für den Mediator. Einerseits hängt das Wohl und Wehe seiner Arbeit vom freiwilligen Mitmachen der Konfliktparteien ab. Aus Unternehmenssicht darf nicht allzu viel Zeit verstreichen, zumal Konflikte schnell zu eskalieren drohen. Deshalb sollten sowohl Vorgesetzter als auch Mediator so erfahren und sensibel sein, den Druck entsprechend der sachlichen Erfordernisse optimal zu dosieren. Wichtig ist auch, daß der Abteilungsleiter oder Firmenchef, von dem die Initiative zur mediativen Konfliktlösung ausging, selbst dem programmierten Gegendruck standhält. Was nichts anderes bedeutet als: Der Mediator muß die volle Unterstützung seines Auftraggebers haben. Er darf nicht durch Gegenwind aus Richtung seiner Mitarbeiter umfallen. Trotz des Drucks und des vergleichsweise sanften Hinschiebens in die richtige Richtung: Die Freiwilligkeit der beteiligten Personen muß oberstes Prinzip einer erfolgreichen Konfliktlösung sein.

Wechselseitige Botengänge

Ein erfahrener Mediator bietet auch von sich aus Hilfe an, wenn die Situation total verfahren erscheint. Er spricht mit einer der beiden Konfliktparteien und versucht durch sachbezogenes Vorgehen, das frei jeglicher persönlicher Interessen ist, deren Vertrauen zu gewinnen. Dafür reicht zumeist ein einziges Gespräch nicht aus. Zwei bis drei Unterredungen können je nach Situation erforderlich sein. Danach schlägt der Mediator vor, mit der „Gegen-Partei" zu reden. Bedeutsam ist es, daß der Mittler mit *offenen Karten* spielt. Er muß also seinen ersten Gesprächspartner, dessen Vertrauen er offenbar gewonnen hat, über all seine Aktivitäten unterrichten. Zugleich stellt er ihm die Frage, ob er ihm helfen und was er während des geplanten „Aufwärm-Gesprächs" für ihn tun kann. Diese Salami-Taktik wird auch als „Shuttle-Mediation" bezeichnet. Das voneinander unabhängige „Durchschütteln" der Konfliktparteien, mehr noch die „Zubringer-Dienste" des Mediators zeigen besonders große Erfolge, wenn emotionale Hindernisse zu groß sind, um sich bereits im ersten Schritt gemeinsam um den *runden Tisch* zu setzen.

Diese Vorgehensweise wird in aller Regel kaum zu emotionalen Verwerfungen bei den Konfliktparteien führen. Vorausgesetzt, der Mediator macht allen klar, daß es durch Konzilianz und Kompromißbereitschaft nichts zu verlieren gibt. Nicht zuletzt dürfte die Neugierde, was nur allzu menschlich ist, größer sein als die Skepsis. Und was soll schon passieren, wenn die angestrebte Konfliktlösung nicht funktioniert? Denn nach einem Scheitern dürfte sich nach den bisherigen, beklagenswerten Status quo nichts ändern. Eine Verschlechterung der Situation ist demnach nicht zu befürchten. Aber die Chance, daß der latente und manifeste Konflikt zumindest erkannt, vielleicht bereinigt, wenn nicht sogar beseitigt werden kann, wiegt das persönliche Risiko der Beteiligten, Zugeständnisse zu machen, bei weitem auf. Dieser erste Schritt, die sogenannte Vor-Mediation, ist der schwierigste. Zugleich aber auch der wichtigste, da hier die Grundlage für die weiteren – hoffentlich erfolgreichen – Schritte des gesamten Mediations-Verfahrens gelegt werden. Aller Erfahrung nach entscheidet sich bereits hier, lange Zeit bevor sich die Konfliktparteien an einem Tisch zusammensitzen, ob die Strategie zum Erfolg oder zum Mißerfolg wird.

Bausteine zum Erfolg

Der Mediator muß sich seiner großen *Verantwortung* im Rahmen des Konflikt-Managements bewußt sein. Neben seinen guten Kenntnissen unternehmerischer Rahmenbedingungen gehören Sorgfalt, Erfahrung und Fingerspitzengefühl ebenfalls dazu wie Geduld und die Fähigkeit, sein eigenes Ich zurückzunehmen und ein guter Zuhörer zu sein. Noch einmal: Bevor es zum Mediationsgespräch kommt, sollte sich der Mittler in ausführlichen Einzelgesprächen über den Konflikt informieren. Die Analyse folgender Fragen ist hierbei wichtig und hilfreich:

- Wie ist der Konflikt entstanden?
- Wo genau liegen Anlaß und Ursache für den Konflikt?

- Welche Personen aus dem Unternehmen sind beteiligt?
- Wer ist darüber näher oder nur oberflächlich informiert?
- Wie lange dauert der Konflikt schon?
- Wem nützt der Konflikt?
- Wer hat daher Interesse, den Konflikt am Kochen zu halten?
- Wer hat Interesse, ihn auszulöschen?
- Wer hat die Macht?
- Wer hat überhaupt Einfluß auf den Konflikt?

Wichtig ist auch die Klärung, um welche Konfliktarten es sich handelt. Folgende sind denkbar:

- Ziel-Konflikte: Uneinigkeit über die zu erreichenden Ziele
- Beurteilungs- oder Wahrnehmungs-Konflikte: Uneinigkeit über Werte und Normen
- Rollen-Konflikte: Uneinigkeit über Kompetenzen und Positionen
- Verteilungs-Konflikte: Uneinigkeit über die Verteilung von Ressourcen und Mitteln
- Beziehungs-Konflikte: Uneinigkeit über die Gestaltung von Beziehungen und Zusammenarbeit
- Strategie- oder Methoden-Konflikte: Uneinigkeit über Wahl und Einsatz von Methoden

Denn unterschiedliche *Konfliktarten und Konfliktinhalte* bestimmen die weitere Vorgehensweise des Mediators. Erfragen sollte er auch, ob sich die Auseinandersetzungen auf der Sach- und/oder der individuell gesteuerten Beziehungsebene abspielen. Um die Schwere und Intensität eines Konfliktes einordnen zu können, ist die Frage nach seinem aktuellem Stadium von auschlaggebender Bedeutung. Entsprechend kann der Mediator seine Strategie und Verhaltensweise situationsorientiert wählen. Sie erinnern sich: Säge oder Hammer!

Somit kann eine gründliche und systematische Analyse bereits lange vor Beginn des eigentlichen Mediations-Verfahrens den Prozeß der Konfliktlösung fördern und beschleunigen. Sofern der Mediator bereits Vorgespräche mit den Konfliktpartnern geführt hat, ist ein Vertrauensprozeß in der Regel ins Rollen gekommen. Diese stabile, psychische Beziehung zum Mittler wird sich später als sehr effizient und hilfreich erweisen. Allerdings sollte sich der Auftraggeber darüber im klaren sein, daß sich die Konfliktlösung mit Hilfe der Mediation nicht so nebenbei realisieren läßt. Je nach Eskalationsniveau ist eine *ausreichende Vorbereitungszeit* erforderlich. Je mehr ein Konflikt an Dauer und Schärfe gewonnen hat, um so schwieriger ist es, verhärtete Positionen aufzubrechen und die Handelnden zu einer, wie auch immer gearteten Kompromißbereitschaft zu führen.

Mitunter kann es sinnvoll sein, daß der Mediator *unbelastet* von Fakten, persönlichen Eindrücken und Informationen in die Mediation geht. Um so offener und sachgerechter kann er sich den Konfliktparteien gegenüber verhalten, um so flexibler können die späteren Lösungs-Ansätze sein. Und nicht informiert sein, kann durchaus seine Vorzüge haben – abhängig von der individuellen Konfliktsituation.

2. Schritt: Das Mediationsgespräch

Ich kann es nicht oft genug wiederholen: Durch Druck und auf Befehl passiert überhaupt nichts. Wie die vorbereitenden Unterredungen so setzt auch das Mediationsgespräch die weitgehende Freiwilligkeit der Konfliktbeteiligten voraus. „Weitgehend" bedeutet, daß die Konfliktparteien auf eigenen Wunsch am Gespräch teilnehmen. Viele winzige Kleinigkeiten, selbst scheinbar unbedeutende Details summieren sich und sind entscheidend für den erfolgreichen Gesprächsverlauf. Wie läuft nun ein solches Mediationsgespräch ab? Es gliedert sich in unterschiedliche Teilschritte:

Vertrauen ist wichtig

Vertrauensvolle Atmosphäre – genau dafür muß der Mediator sorgen. Von vornherein sollte feststehen, daß die Konflikt-Partner während des Gespräches weitgehend offen miteinander umgehen. Außerdem sollte bereits eine Vertrauensbasis aufgrund der Vorgespräche vorhanden sein. Naturgemäß werden die Kontrahenten sich nicht gegenseitig vertrauen, ansonsten wäre ja die Konfliktlösung mit Hilfe der Mediation überflüssig. Dieses Vertrauen sollte aber schon zwischen dem Vermittler und jedem der beiden „Streithähne" aufgebaut sein.

Bedeutsam ist auch, daß die Konfliktbeteiligten zum Gespräch an einem *neutralen Ort* geladen werden. Die eigenen Büros, das Zimmer des Sach- bzw. Personal-Vorgesetzten, die Kantine in der Firma, der Konferenz-Raum im Unternehmen eignen sich nicht dafür, da diese Räume emotional vorbelastet sein könnten. Aber ein Besprechungszimmer, das keinem der Konfliktparteien sachlich zugeordnet werden kann, ist in Ordnung. Unterschätzen Sie keinesfallls das *Ambiente*. Ein freundlicher, heller und gemütlicher Raum hilft. Er muß alle Attribute aufweisen, damit ein zwangloses Gespräch möglich ist. Blumen, Getränke, Knabberzeugs, Plätzchen, ein kleiner Imbiß tragen zur Auflockerung der angespannten Atmosphäre bei. Seien Sie phantasievoll!

Der Mediator arrangiert vor dem Zusammentreffen der Konfliktparteien die *Sitzordnung*. Sie ist so zu wählen, daß die Kontrahenten weder zu nah, noch zu weit voneinander sitzen. Die Entfernung zwischen den beiden sollte eben dem „goldenen Mittelweg" entsprechen. Tische als natürliche „Einrichtungsbarrien" sorgen für den wohltuenden Sicherheitsabstand.

Der Mediator achtet darauf, daß die Konfliktbeteiligten sich gegenseitig und auch ihn, den Vermitter, gut sehen können. Nicht in eine Zwangsjacke stecken und Rücksicht auf die individuelle und emotionale Befindlichkeit des einzelnen nehmen –

das ist entscheidend. Nicht nur die Personen müssen gut zu sehen sein, sondern auch das *technische Equipment* wie Overhead-Projektor, Flip-Chart, Metaplan oder andere Visualisierungshilfen.

Gesprächsort und Sitzordnung müssen eine formal problemlose, vor allem aber *gleichwertige Kommunikation* gewährleisten. Keiner soll den Eindruck bekommen, daß er seinem Kontrahenten entweder über- oder unterlegen ist. Hier ist der Mediator mehr Organisator: Sofern die Atmosphäre und das Ambiente im Gesprächsraum nicht stimmig sind, muß er eingreifen und für Abhilfe sorgen. Es empfiehlt sich, daß der Vermittler in jedem Fall früher im Raum ist als die Konfliktparteien.

Der erste Eindruck entscheidet

Mit Fingerspitzengefühl, Einfühlungsvermögen und Anerkennung empfängt und begrüßt der Mediator die zum Termin erschienenen Personen. Erneut eine durchaus heikle Aufgabe. Denn mit der richtigen Wortwahl lassen sich weiteres Vertrauen aufbauen und immer noch vorhandene Widerstände verringern. Ein rhetorisch allzu forsches Auftreten, das die eigene Person des Vermittlers erdrückend in den Vordergrund rückt, ist fehl am Platz.

Unter normalen Umständen eine Höflichkeitsfloskel, aber in dieser besonderen Situation der Konfliktlösung ein Aufwärmer und Aggressionshemmer: der *Dank* des Mediators an die Beteiligten, daß sie zum Gespräch erschienen sind. Als Vermittler sollte man diesen Aspekt des menschlichen Miteinanders keinesfalls unterschätzen. Denn wie bereits gesagt, hängt das Wohl und Wehe des besonderen Konfliktmanagements von dem Vertrauen ab, das die Parteien zum Mediator haben. Er dokumentiert durch seinen Dank, daß er sich weder über seine Gesprächspartner erheben möchte, noch irgendetwas in diesem

Raum auf firmen-hierarchischen Druck zustande kommt. Danke sagen ist ein freiwilliger Akt und überzeugt die Konfliktparteien auch weiterhin von der Freiwilligkeit der Veranstaltung.

Der Vermittler betont, daß es bei der Zusammenkunft um die Klärung eines Konflikts geht. Das *Ziel* sei die einvernehmliche Lösung. Sicher, die Kontrahenten dürften dies bereits wissen. Doch eine Erinnerung an den Zweck des Zusammentreffens ist aller Erfahrung nach für das Gelingen der Veranstaltung sehr förderlich. Zumal der Mediator mit seiner Erklärung gleichsam zwischen den Zeilen erwähnt, daß Schuldzuweisungen und die Fortsetzung des Konflikts mit anderen Mitteln nicht auf der Tagesordnung stehen.

Alles, was bis dato durch die Intervention des Mediators bei den Konfliktparteien geschehen ist, muß auf den Tisch. Jeder der Beteiligten, auch der Vermittler, berichtet lückenlos über seine Aktivitäten, aber auch über die Emotionen und Einschätzungen, die das Eingreifen eines externen Mittlers hervorgerufen haben. Erneut: *Offenheit ist Pflicht*. Nicht nur aus emotionalen Gründen, sondern auch, weil alle Beteiligten über den gleichen Informationsstand verfügen müssen. Es ist ja durchaus möglich, daß sich seit den Vor-Unterredungen einiges geändert hat. Mag sein, daß sich neue Fakten ergeben haben. Möglicherweise haben sich die Fronten weiter verhärtet. Deshalb fragt der Mediator die Konfliktbeteiligten nach Ergänzungen oder Korrekturen. Das dient dazu, die gleichen inhaltlichen Startbedingungen für alle zu gewährleisten, um eine faire Basis für das weitere Vorgehen zu schaffen.

Spielregeln

Es gehört zum Selbstverständnis des Mediators, daß er seine eigene Persönlichkeit soweit wie möglich zurücknimmt. Die Kontrahenten sind die wichtigen Akteure des Mediationsgespräches, die durch Kommunikation versuchen, ihren Konflikt beizulegen. Dennoch kündigt der Vermittler an, daß er bei Bedarf *in das Gespräch eingreifen* wird. Ihm allein bleibt es überlassen, zu welchem Zeitpunkt dieses geschieht. Selbstverständlich ist es nicht ausgeschlossen, daß der Konflikt während der Unterredung fortgesetzt wird und weiter eskaliert. Mitunter ist es dann sogar erforderlich, daß der Mediator die Notbremse zieht und gegebenenfalls versucht, in Einzelgesprächen die Gemüter wieder zu beruhigen.

Zum weiteren Ausbau der Vertrauenbasis gehört auch, daß der Vermittler auf unverzichtbare *Grundregeln* hinweist. Diese sollten eigentlich selbstverständlich sein, werden aber häufig völlig außer acht gelassen, zumal in Konfliktsituationen. Zu den Grundregel zählt, daß jeder den anderen ausreden läßt. Dies fällt zwar – besonders zu Beginn des Mediationsgespräches – schwer, ist aber unerläßlich für den weiteren Fortgang der Konfliktlösung. Aufmerksames Zuhören ist ebenso selbstverständlich. Ausredenlassen und genau zuhören werden besser akzeptiert, wenn der Mediator darauf hinweist, sich Notizen zu machen, damit nichts vergessen wird. So läßt sich garantieren, daß es später nicht zu Mißverständnissen und falschen Behauptungen kommt. Es versteht sich von selbst, daß die Kontrahenten ihren Konflikt nicht durch Beleidigungen, Verbalinjurien oder andere Ausfälle weiter anheizen. Schließlich sollte von vornherein klar gestellt werden, daß alles, was während des Mediationsgespräches gesagt oder gehört wurde bzw. passiert, *vertraulich* ist.

Die Erfahrung lehrt, daß die ersten dreißig Minuten des Mediations-Gespräches für die Konfliktparteien am härtesten sind. Sie sind meist noch emotional aufgeladen, wissen möglicherweise nicht, was die ganze Sache soll, zweifeln am Erfolg. Das führt dazu, daß die Kontrahenten oberflächlich zuhören, mitunter nicht alles verstehen bzw. das Gesagte als nicht bedeutsam abtun oder bereits eigene, subjektive Interpretationen vornehmen. Deshalb empfiehlt es sich, die *Grundregeln auf dem Flip-Chart schriftlich* und für jeden sichtbar festzuhalten.

Dies mag manchen an den Unterricht in der Grundschule erinnern Aber bei der Konflikt-Bewältigung ist es oft erforderlich, zurück zu den Wurzeln zu gehen.

Der Mediator betont erneut, wie wichtig Offenheit und Klarheit sind. Für beide Konfliktparteien steht ausreichend Zeit zur Verfügung. Er macht ihnen Mut, den Konflikt nicht allein auf der sachlichen, sondern auch auf der emotionalen Ebene darzustellen. Die Kontrahenten erhalten *Hilfe und Unterstützung*, ihre Gefühle, die sie direkt oder indirekt mit dem Konflikt verbinden, offen zu äußern. Der Mediator sichert emotionalen *Schutz* zu.

Der Mediator erklärt den Konflikt-Beteiligten, daß er nach jeder Konfliktschilderung das bisher Gehörte *zusammenfaßt.* Er befragt die Konfliktparteien, ob sie mit seiner Zusammenfassung einverstanden sind, ob die Fakten stimmen, ob Wichtiges vergessen oder Unrichtiges hinzugesetzt worden ist. In der Regel werden sich die Kontrahenten mit der Schilderung des Mediators einverstanden erklären. Daraufhin bittet der Mediator seine Gesprächspartner, die spontanen *Erwartungen*, mit denen sie in die Unterredung hineingegangen sind, zu äußern. Hier wird deutlich, ob die Kontrahenten die Veranstaltung als lästige Pflichtübung empfinden oder meinen, es sei ein notwendiges Gespräch, mit dessen Hilfe die Auseinandersetzungen endlich beendet werden können.

Der Puffer

In aller Regel haben die Kontrahenten den Mediator vorher kennengelernt. Er hat bereits seine eigene Stellung umrissen, hat erklärt, wie seine Aufgabe aussieht. Dennoch sollte der Vermittler zu Beginn des Mediationsgespräches noch einmal die eigene Rolle verdeutlichen:

- Er betont, daß die eigentliche Konfliktlösung keineswegs zu seinen Aufgaben gehört. Die Kontrahenten selbst sind dazu aufgerufen, die Auseinandersetzungen aus der Welt zu schaffen.

- Der Mediator ist für das Verfahren verantwortlich, aber nicht für den Inhalt. Er weist darauf hin, daß ihm eine Vermittlerfunktion zufällt, damit das Aufeinandertreffen der Konfliktparteien nicht (erneut) eskaliert.
- Deutlich weist der Mediator auf die Vertraulichkeit der Gesprächsinhalte hin. Diese besteht, solange nichts anderes vereinbart worden ist.
- Bedeutsam für die Konfliktlösung ist ebenfalls, daß der Vermittler seine neutrale Position hervorhebt. Er ist unparteiisch, er wertet und urteilt nicht. Er nimmt zur Kenntnis und sein wichtigstes Anliegen ist, für den geregelten Gesprächs-Ablauf zu sorgen.

Mitunter erscheint es so, als müsse der Mediator Selbstverständliches (er)klären. Doch die Erfahrung hat mich gelehrt, daß es während des Mediationsgesprächs nichts Überflüssiges gibt. Je penibler der Vermittler vorgeht, desto besser. Aus diesem Grund weist er die Beteiligten darauf hin, daß er Bedenken und Widerstände grundsätzlich ernst nimmt und nicht versucht, sie wegzuargumentieren. Last but not least gilt es, einige formale Punkte zu klären. Der Mediator sagt, wie lange das Gespräch dauern wird und ob es weitere Gespräche geben wird und wann. Außerdem einigt man sich über Pausen, ob Rauchen erlaubt ist und in wieweit Ton- und Videoaufzeichnungen von dem Gespräch gemacht werden. Zum Schluß dieser Aufwärmphase sind die Konfliktparteien aufgerufen, weitere Fragen zum organisatorischen Ablauf zu stellen.

3. Schritt: Wer darf zuerst?

Jetzt beginnt die eigentliche Konflikt-Bearbeitung. Ungewöhnlich, aber erprobt ist, daß die Konflikt-Beteiligten nicht direkt miteinander kommunizieren. Das Gespräch läuft somit vornehmlich über den Mediator. Die Vorgehensweise hat nicht zuletzt atmosphärisch eine positive Wirkung. Dadurch ist sichergestellt, daß störende Einwände und rhetorische Aggressionen der jeweiligen Gegenpartei so gut wie ausgeschlossen sind. Der direkte Ansprechpartner ist demnach der Mediator. Der Kontrahent, der vorübergehend nur zuhört, begibt sich – im übertragenen Sinne – in die Position eines zunächst passiven Beobachters. Dies bedingt auch, daß jede Partei die Möglichkeit bekommt, den Konflikt zusammenhängend und vollständig aus ihrer Sicht darzustellen. Dadurch ist gewährleistet, daß jeder „sein Herz ausschütten“ und „sich Luft verschaffen“ kann, wie es in der Umgangssprache heißt – zusammenhängend und nicht durch vermutlich polemische Äußerungen der Gegenseite unterbrochen. Auf diese Weise gewinnt jede der Konfliktparteien ein tieferes und besseres Verständnis der Position des (der) Kontrahenten.

Auch das hört sich zugegeben recht simpel und unproblematisch an. Aber in Wirklichkeit sind häufig bereits hier Reibereien programmiert. Denn die wichtigste Frage lautet: Wer beginnt mit seinen Ausführungen? Der „erste“ zu sein hat für viele Menschen eine gravierende, symbolische Bedeutung. Es ist nur natürlich, daß der „Beginner“ unter formalen Gesichtspunkten seinen Selbstwert bestätigt fühlt. Deshalb wird jeder versuchen, als erster seine subjektive Sicht der Dinge darlegen zu können. In dieser Hinsicht obliegt es dem Mediator, eine erste und wichtige Gemeinsamkeit zwischen den Konflikt-Beteiligten herbeizuführen. Möglich und logisch nachvollziehbar ist, daß derjenige der beiden Kontrahenten, der die Initiative zur Mediation ergriffen hat, den Vorzug bei der Konflikt-Darstellung erhält.

Allerdings sollte der Mediator aus dieser Vorgehensweise kein Dogma machen. So wichtig die Frage auch ist, wer mit seinem Statement beginnen darf, so naheliegend erscheint es, dieses Problem von Fall zu Fall zu entscheiden. Ist eine Konfliktpartei z. B. besonders erregt und ungeduldig, könnte diese mit ihrer

Darstellung beginnen. Ihr den Vorzug zu geben, nimmt der Veranstaltung möglicherweise von vornherein viel Anspannungs- und Aggressionspotential. Ebenso denkbar ist es, dem schwächeren Part zunächst das Wort zu erteilen. Dies setzt allerdings voraus, daß der Vermittler sehr analyse-sicher ist und seine Wertung „schwach" nach vergleichsweise objektiven Kriterien vornehmen kann. Keinesfalls sollte er den Fehler machen, die „Schwäche" eines der Konflikt-Beteiligten als Auswahlkriterium offen darzulegen. Dadurch könnte er die Vertrauensbasis, die er sich in den Vorgesprächen erarbeitet hat, leichtfertig aufs Spiel setzen.

In jedem Fall ist die Entscheidung, wer mit seinen Ausführungen beginnt und wer als erster zuhört, ein durchaus hartes

Stück Arbeit. Keinesfalls darf der zunächst Zuhörende den Eindruck haben, er werde zurückgesetzt oder diskriminiert. Die Motivation der beiden Konfliktparteien durch den Mediator ist somit sehr vielschichtig. Zum einen muß er denjenigen, der „reden" darf, durch sachliche Argumente von der Notwendigkeit überzeugen, daß seine Konfliktbeschreibung und die Erläuterung seiner eigenen Gefühle soweit wie möglich offen und ohne Zurückhaltung ablaufen müssen. Mindestens genauso wichtig ist es, denjenigen, der zuerst den Zuhörer-Part übernimmt, von der Bedeutung seiner Rolle zu überzeugen. Deshalb erläutert der Vermittler, daß der Zuhörer eine sehr bedeutsame und durchaus schwierige Rolle übernimmt. Er muß aufmerksam zuhören, sein Temperament zügeln und sich selbst dann zurückhalten, wenn der „Redner" seiner subjektiven Meinung nach unhaltbare Äußerungen tätigt.

Aktiv zuhören

Bei den Ausführungen der Konfliktparteien nimmt der Mediator sich selbst grundsätzlich soweit wie möglich zurück. Diese Haltung sollte man nicht mit Desinteresse oder gar mangelndem Engagement verwechseln. Der Vermittler dokumentiert eindeutig, daß er aufmerksam und aktiv zuhört. Seine Position als mitbedenkender „Moderator" untermauert er dadurch, daß er offene Fragen stellt und Teile des Gesagten reproduziert bzw. zusammenfaßt. Auf diese Weise verdeutlicht er sein Verständnis und zeigt, daß er in jeder Minute auf der Höhe des Gespräches ist.

Deshalb gibt der Mediator jeweils am Ende der Konflikt-Darstellung durch einen der Kontrahenten das Gesagte mit eigenen Worten wider. Und er erkundigt sich, ob er die Zusammenhänge richtig und vollständig reproduziert hat. Eine solche Fragestellung, auch wenn sie häufig lediglich *pro forma* erfolgt, ist für den weiteren Ablauf des Mediationsgespräches bedeutsam. Zeigt sie doch, daß der Vermittler die Einlassungen und Positionen der Konflikt-Beteiligten ernst nimmt und beabsichtigt, daraus gemeinsame Lösungsansätze zu entwickeln.

Naheliegend ist, daß der Mediator über rhetorisches Geschick verfügt. Es liegt nämlich in der Natur der Sache, daß jeder der Kontrahenten wertende und die Gegenpartei verletzende Aussagen macht. Deshalb ist es von grundlegender Bedeutung, daß der Mediator im Rahmen seiner Zusammenfassung die getätigten Aussagen in neutrale und nicht wertende, also wertfreie Formulierungen umwandelt. Gleichzeitig fordert er die Beteiligten auf, alle Verständnisfragen, seien sie noch so simpel und vermeintlich banal, zu stellen, um Mißverständnisse von vorne herein auszuschließen.

Nachdem die Konfliktparteien ihre Konflikt-Darstellungen abgeschlossen haben, hält der Mediator die Gemeinsamkeiten und die Unterschiede auf dem Flip-Chart schriftlich fest. Im Idealfall erkennen die Kontrahenten trotz des Konflikts viele Gemeinsamkeiten. Diese gilt es, besonders herauszustellen. Immer wieder: *das Vereinende, das Verbindende* – und sei es unter quantitativen Gesichtspunkten noch so gering – eindeutig betonen! Dadurch wird dem Trennenden, dem Spaltenden seine Wucht und Schärfe genommen. Dem Mediator obliegt also die Umwertung der subjektiven Eindrücke auf Seiten der Konfliktparteien. Gemeinsamkeiten ausbauen, Unvereinbarkeiten mildern und abfedern, lautet die Devise. Nun ist der Weg frei für den nächsten Schritt.

4. Schritt: Zeig mir deine Welt

Der Grundsatz dieser Gesprächsphase lautet: *Je mehr die Konfliktparteien ihre Bedürfnisse, Interessen, Wünsche äußern, desto besser für die Konfliktlösung.*

Die Einlassungen der Konfliktparteien dauern und dauern. Nach anfänglichen Schwierigkeiten – jeder muß seine emotionalen Hemmungen überwinden, hat Mühe offen zu sein – kristallisieren sich die Differenzen heraus. Nun ist es an der Zeit, daß die Kontrahenten Trennendes weiter bearbeiten und besprechen. Der Mediator hat dabei die Aufgabe, die hinter der jeweiligen Meinung stehenden Interessen, Bedürfnisse und Wünsche zu eruieren. Er fragt die Kontrahenten, weshalb sie gerade diese Position beziehen und weshalb sie gerade das tun. Diese Vorgehensweise dient der Selbstklärung. Die Erfahrung lehrt, daß die hinter einem Konflikt liegenden Intentionen und Einstellungen, die zu einem nachhaltigen Konfliktpotential führen, oft nur recht diffus wahrgenommen bzw. geäußert werden können. Vor allem gelingt es den Kontrahenten, abhängig vom Grad der Konflikt-Eskalation, ohne externe Vermittler nur selten, gegenseitig spezifische Wünsche an den anderen zu richten und Idealvorstellungen zu äußern. Das Mediationsgespräch bietet hierzu die beste Gelegenheit. Vor allem, weil Bedürfnisse, Vorstellungen, Wünsche und Intentionen ohne Rücksicht auf deren Realisierbarkeit geäußert werden dürfen und können. Hier darf das „Undenkbare“ gedacht und das „Unsagbare“ gesagt werden.

Fast zwangsläufig geht die anfänglich *indirekte* Kommunikation zwischen den Konflikt-Beteiligten, die nur über den Mediator als Mittler zustande kam, schrittweise in die *direkte* über. Unter Anleitung des Mediator versetzen sich die Kontrahenten in die Lage der jeweiligen Gegenseite. Sie werden aufgefordert, die Kernprobleme und Kernanliegen des anderen mit eigenen Worten wiederzugeben. Hierdurch läßt sich vergleichsweise problemlos feststellen, ob und wie weit wirkliches Verstehen vorliegt. Die Konflikt-Beteiligten sind aufgerufen, für eine bestimmte Zeit die Position des anderen einzunehmen. Auf diese Weise läßt sich der Konflikt entkrampfen und versachlichen, er wird dadurch schrittweise einer Lösung näher gebracht. Die wechselseitige Spiegelung der konträren Argumente schafft allmählich Vertrauen und Verständnis. Der sachliche Aspekt des Konflikts rückt in den Vordergrund.

5. Schritt: Lösungsvorschläge – Leinen los

Je mehr die Kontrahenten fähig sind, die Anliegen, die Interessen und Bedürfnisse der Gegenseite zu akzeptieren und zu tolerieren, desto eher kann jeder seine eigenen Intentionen zur Geltung bringen und Respekt erwarten.

Der Mediator zeigt den Kontrahenten nichts anderes als einen ganz unverkrampften und natürlichen Weg, endlich wieder sozial miteinander umzugehen. Sicher, durch diese Vorgehensweise entstehen in aller Regel nicht auf ewig dauernde Freundschaften. Aber eine Rückbesinnung auf ein menschliches Umgehen miteinander scheint die beste Voraussetzung, unproduktive, ins Chaos führende Konflikte in den Griff zu bekommen.

Der Mediator ruft dazu auf, verschiedende Lösungsmöglichkeiten zu sammeln. Auch in dieser Phase des Gespräches hält er sich mit eigenen Vorschlägen weitgehend zurück. Als konstruktiv hat es sich erwiesen, wenn die Lösungsvorschläge von den Kontrahenten selbst kommen. Allerdings klappt das nicht in jedem Fall reibungslos, weil Konfliktparteien häufig auf ihrer Meinung beharren und unfähig sind, konkrete Lösungsvorschläge zu machen. In diesem Augenblick seziert der Mediator den großen und bedrohlichen Konflikt in mehrere kleinere, spezifische Teil-Konflikte. Wenn auf Anhieb eine Lösung des umfassenden Chaos nicht möglich ist, fällt das Management kleinerer Konflikte um so leichter. Es ist somit sinnvoll, mit der Lösung kleinerer Teil-Konflikte zu beginnen, weil auf diese Weise schneller und einfacher erste Erfolgserlebnisse zu erreichen sind. Auf Grund seiner Erfahrung weiß der Mediator, daß die Konflikt-Beteiligten zur Motivation bald erste Erfolgserlebnisse benötigen, seien sie auch noch so klein. Andernfalls sinkt relativ schnell die Bereitschaft zur Konfliktlösung. Sobald aber frühe Teilerfolge gemeinsam erarbeitet worden sind, steigt unweigerlich die Akzeptanz des Verfahrens. Die Kontrahenten sind zunehmend davon überzeugt, daß das Mediations-Verfahren den optimalen Weg des Konflikt-Managements darstellt.

Nichts ist unmöglich

Ein Brainstorming eignet sich hervorragend, um unterschiedliche Lösungsmöglichkeiten zu sammeln und darzustellen. Der Kreativität und Phantasie sind keine Grenzen gesetzt. Es kommt darauf an, daß sich die Konfliktparteien überhaupt am Lösungs-Procedere beteiligen. Die Realisierbarkeit bestimmter Lösungsvorschläge spielt zunächst eine untergeordnete Rolle. Sodann werden die Ergebnisse des Brain-Stormings schriftlich und für jeden gut sichtbar festgehalten. Der Mediator kann in diesem Stadium eigene Ideen als zusätzliche Anregungen vorschlagen, wenn aus seiner Sicht wichtige Aspekte übersehen wurden. Das ist kein Muß, sondern eine Möglichkeit, die der Mediator flexibel handhabt. Sofern der Vermittler den Eindruck hat, daß die Kontrahenten aus sich selbst heraus das ganze Spektrum möglicher Lösungsansätze abgedeckt haben, braucht er sich nicht unnötig einzuschalten.

Nach dem Sammeln der verschiedenen Lösungsansätze folgen deren Bewertung und Auswahl: Als Orientierung dienen unterschiedliche Kriterien, die der Mediator von vornherein offen nennt. In Betracht kommen demnach Lösungsvorschläge, die fair und sachgerecht sind, zugleich stabil, effizient (= wirtschaftlich, wirksam) und effektiv (= tatsächlich greifbar, konkret). Es liegt in der Natur der Sache, daß eine bestimmte Auswahl von Lösungen nicht unerhebliche Verpflichtungen für die Konfliktbeteiligten nach sich zieht. An dieser Stelle ist es erforderlich, daß die Kontrahenten auf Initiative ihres Vermittlers hin erörtern, welches Obligo die Parteien bereit sind einzugehen. Bei dieser Vorgehensweise kristallisiert sich schnell heraus, welche Lösungsvorschläge realisierbar sind und welche zu utopisch sind. Alle Lösungsansätze, die nach eingehender Prüfung übrig bleiben, werden nochmals unter Anleitung des Mediators nach den bereits genannten Kriterien untersucht. Zusammen mit den Kontrahenten klopft der Vermittler sie ein zweites Mal hinsichtlich der Lösungskriterien ab. Sofern die

Lösungsansätze erneut standhalten, steht der nächsten Phase, in der endlich die Konflikt-Bereinigung in greifbare Nähe rückt, nichts mehr im Weg.

6. Schritt: Erfolg – Der Friede sei mit euch

Dieser vorletzte Schritt wird geprägt durch den Grundsatz: *Die Lösung(en) soll(en) möglichst viele Vorteile für alle am Konflikt Beteiligten bieten.* Keinesfalls geht es darum, eine Lösung gleichsam mit der Brechstange herbei zu führen. Nicht ein fauler Kompromiß ist gefragt , der möglicherweise aus dem Druck heraus entsteht, sich unbedingt einigen zu müssen, sondern echte Übereinstimmung. Das Mediations-Verfahren ist ein Konsens-Modell, bei dem der eine Kontrahent die Einstellung des anderen akzeptieren und tolerieren sollte. Inwiefern es sich nicht um eine Scheinlösung handelt, entscheidet letztendlich der Mediator. Ihm obliegt die Kontrollaufgabe, ob die Zustimmung der Konflikt-Beteiligten allein deshalb erfolgt ist, damit sie endlich ihre Ruhe haben. Folge einer Scheinlösung wäre, daß der Konflikt – in aller Regel mit gesteigerter Vehemenz – weiterginge.

Deshalb bedient sich der Mediator einiger Kontrollfragen und Faktoren, um eine Scheinlösung zu vermeiden. Eine solche ist selbstverständlich niemals auszuschließen, doch der Vermittler kann die Gefahr durch sein eigenes Eingreifen, das nicht zuletzt auf seiner Professionalität und Erfahrung beruht, verringern. Somit diskutiert er gemeinsam mit den Konflikt-Partnern folgende Aspekte der angestrebten Lösung:

- Sind andere Möglichkeiten ausreichend geprüft worden? Der Mediator fordert dazu auf, erneut über Alternativen nachzudenken und diese in puncto Realisierbarkeit und Konsensfähigkeit zu prüfen.
- Werden die Konflikte wirklich durch die Übereinkunft gelöst? Besteht nicht ebenfalls die Gefahr, daß die „Lö-

sung" nur eine geringe Halbwertzeit hat und deshalb der Konflikt nach einigen Wochen von neuem aufbricht?

- Offen sollen sich die Konflikt-Beteiligten darüber äußern, ob ihnen die Konsequenzen des Lösungsvorschlags bekannt sind, und ob die Kontrahenten ausreichend darüber nachgedacht haben, was der Vorschlag konkret für jede Partei bedeutet. Es ist einfach, in der Theorie zuzustimmen. Aber ob eine Übereinkunft auch in der Realität tragfähig ist, muß sich erst noch erweisen. Deshalb ist es eminent bedeutsam, nicht allein über die Tatsache zu sprechen, daß es Konsequenzen gibt. Unter Anleitung des Mediators müssen solche Konsequenzen auch ausführlich durchgespielt werden, damit den Konfliktpartnern klar wird, daß es den einen oder anderen Aspekt gibt, der durchaus gravierende Folgen haben kann.
- Folgerichtig ist die nächste Frage: Wird die Lösung in der Realität wirklich funktionieren? Oder sind die Betroffenen hinsichtlich des zuvor Gehörten, vor allem auf Grund der möglichen Konsequenzen, inzwischen davon überzeugt, daß der Lösungsvorschlag in Wirklichkeit nicht standhalten kann? Auch bei diesem Kontrollfaktor wird der Mediator schnell erkennen, ob es die Kontrahenten ehrlich meinen mit ihrer Bereitschaft, zur Konfliktlösung beizutragen.
- Zum Abschluß fragt der Mediator noch einmal, ob die Kontrahenten wirklich bereit sind, den Lösungsvorschlag zu realisieren. Das ist die letzte Möglichkeit für jemanden, aus dem Geschehen auszuscheren. Zwar haben die Konflikt-Beteiligten inzwischen den *point of no return* erreicht. Der altbekannte Grundsatz, wonach die Konfliktlösung nur dann Bestand hat, wenn sie auf freiwilliger Basis realisiert wird, gilt aber weiterhin. Somit drängt der Mediator die Kontrahenten geradezu, die letzte Chance des Widerspruchs und des Ausstiegs zu nutzen.

Treu sein

Doch in aller Regel ist das Mediations-Verfahren schon so weit fortgeschritten, daß die Konfliktparteien dem gemeinsam entwickelten Lösungsvorschlag zustimmen. Aufgabe des Mediators ist es nun, gemeinsam mit den Konfliktpartnern einen „Vertrag" zu formulieren und schriftlich zu fixieren. Hilfreich kann es sein, wenn die Konflikt-Akteure jeder erst einmal für sich selbst einen schriftlichen Entwurf verfassen. Der Mediator hilft bei Formulierungen. Diese Vorgehensweise hat den großen Vorteil für den Mediator, daß er eventuell an einzelnen Konflikt-Stellen den Gesprächsfaden erneut aufgreifen kann. Es wird nämlich sehr schnell deutlich, ob für die Konfliktparteien wirklich alles „roger" ist. Lücken, Mißverständnisse oder Unklarheiten können jetzt rasch bereinigt werden. Bei der Formulierung des Vertrags zuvor sind die rhetorischen Fähigkeiten des Vermittlers gefordert. Die Vereinbarung muß in einer klaren, konkreten und einfachen Sprache verfaßt sein. Vor allem sollte das *Regelwerk klare Details* enthalten, deren Umfang Mediator und Kontrahenten gemeinsam mit Hilfe der sogenannten W-Fragen kontrollieren: Wer, wann, wo, wie groß, wieviel, wie oft, bis wann, was genau usw. Um die Ausgewogenheit des Vertrags zwischen den Konfliktparteien sicherzustellen, muß der Mediator darauf achten, daß die Handlungen einer der beiden Personen nicht von denen der jeweils anderen abhängig ist. Wenn-dann-Formulierungen sind strikt zu vermeiden, weil damit das gegenseitige Abhängigkeitsverhältnis der Konfliktpartner zementiert wird. Stillstand ist die Folge! Dem Vermittlergeschick aber auch den rhetorischen Fähigkeiten des Mediators bleibt es überlassen, bei der Fixierung des Vertragswerk auch jene sprachlichen Hürden zu nehmen, die die Kontrahenten von einer Umsetzung des Lösungsvorschlag abhalten könnten. In jedem Fall muß sichergestellt werden, daß die Konfliktparteien in der Vereinbarung als gleichberechtigte Personen betrachtet werden.

Dieses „Regelwerk“ hat nicht nur eine hohe Symbolkraft, sondern dient den Beteiligten vor allem als Erinnerungsstütze. Zugleich muß der Vermittler deutlich machen, daß es sich bei der schriftlichen Vereinbarung um keine bloße Absichtserklärung handelt. Schon die alten Lateiner wußten „pacta sunt servanda“. Der Mediator macht den Kontrahenten klar, wie wichtig es ist, vertragstreu zu bleiben. Vor allem betont er wiederholt, daß die Lösung von beiden Parteien gewollt und auf – mehr oder weniger – freiwilliger Basis zustande gekommen ist. Zum Abschluß liest der Mediator den Vertrag noch einmal vor. Wie ein Notar, der einem Immobilienerwerber die Kaufvereinbarung vorträgt und dabei auf unklare oder erklärungsbedürftige Dinge eingeht.

7. Schritt: Taten und Worte

Ein erfahrener Mediator wird die Konfliktlösungs-Prozeß noch nicht beenden, nachdem der „Vertrag“ unterschrieben ist. Deshalb vereinbart er in aller Regel mit den Parteien ein Nachfolgetreffen. Der Termin für die erneute Unterredung wird gemeinsam festgelegt.

Auf die schriftliche Konfliktlösungs-Vereinbarung folgt der Umsetzungschritt. Da zeigt sich in aller Deutlichkeit, ob die Übereinkunft *praxistauglich* ist. Jeder der Kontrahenten wird seine eigenen Erfahrungen machen – positive, sicher aber auch die eine oder andere negative –. Die Erfahrungen rufen naturgemäß bestimmte Emotionen hervor. Im Idealfall Zuversicht, Freude, Hoffen, meist positive Überraschung und in gewisser Weise auch Dankbarkeit. In den seltensten Fällen können aber auch Ärger, Enttäuschung, Wut und Zorn, mitunter sogar Haß daraus resultieren. Gegebenenfalls wird er die Kontrahenten in weiteren Einzelgesprächen von der Notwendigkeit eines zweiten oder sogar dritten Treffens überzeugen müssen. Mag sein, daß erneut eine Menge Überzeugungsarbeit nötig ist. Der Mediator bereitet die Konfliktpartner auf kritische Situationen vor, erarbeitet entsprechende Handlungsmuster und läßt diese von den Konfliktpartnern im Rollenspiel darstellen. Diese Art der „Einwandvorwegbehandlung“ stärkt das Selbstvertrauen der Parteien in der Praxis. Direktes Ansprechen von kritischen Situationen kappt die Angst und macht Mut. Im Idealfall, und das ist erfahrungsgemäß die Regel, verläuft die Umsetzung des Lösungsvorschlags weitgehend so reibungslos, daß die Kontrahenten ohne viel externes Zutun der Überzeugung sind, daß sie ihre Erfahrungen in einem Nachfolgetreffen gemeinsam mit dem Mediator analysieren sollten.

III. Kapitel
Der Wirtschafts-Mediator: Das bin ich

1. Nicht Weichei, nicht Hardliner

Der Mediator ist verantwortlich für das vermittelnde Gespräch. Als „Moderator" sorgt er dafür, daß das Aufeinandertreffen der Konfliktparteien in geordneten Bahnen und optimal abläuft. Er hält den roten Faden des Mediations-Verfahrens in der Hand und sorgt dafür, daß sich die Kontrahenten daran als Leitlinie halten. Penibel achtet der Mediator darauf, daß die Konfliktparteien nach den festgelegten „Regeln" spielen. Das setzt voraus, daß der Vermittler eine gehörige Portion Selbstbewußtsein und charakterliche Stärke mitbringt. Diese beiden dokumentiert er, ohne aufdringlich zu werden, Zwang auszuüben oder sein eigenes Ich in den Mittelpunkt des Gespräches zu stellen. Er forciert gleichzeitig und hält sich zurück. Die Gesprächs-Moderation darf ihm zu keinem Zeitpunkt entgleiten. Es ist von eminenter Bedeutung, daß die Kontrahenten nicht selbst das Heft in die Hand nehmen. Deshalb ist der Vermittler sowohl freundlich als auch bestimmt. Er startet und steuert das Gespräch. Sein *Interventions-Repertoire* reicht von schlichten Vorschlägen über klare Wünsche bis hin zu unmißverständlichen und harten Aufforderungen. Abhängig von der Situation und der emotionalen Verfassung der Kontrahenten kann der Mediator das Gespräch unterbrechen oder abbrechen, sogar abschließen und stoppen. Seinem Geschick ist es überlassen, wie weit er den Gesprächspartnern bei den Einlassungen und Äußerungen der Gefühle Grenzen steckt. Sachbezogene Dialoge sollte der

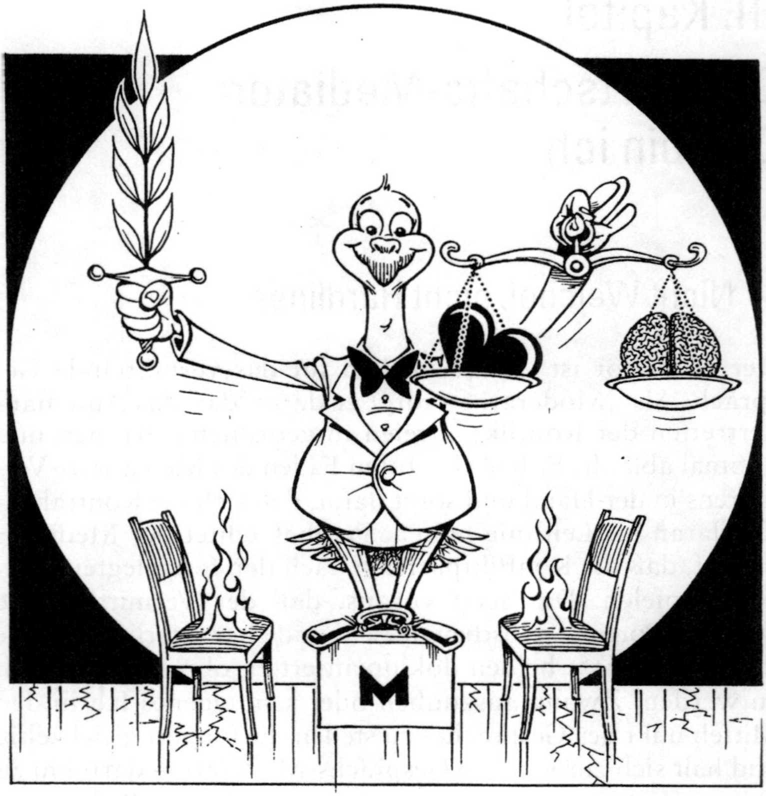

Vermittler laufen und sich entwickeln lassen. Mitunter ist es erforderlich, Argumente zu vertiefen, die Beschreibung bestimmter Gefühle zu konkretisieren. Er achtet darauf, daß der Gesprächsverlauf zu keinem Zeitpunkt oberflächlich wird. Zu diesem Zweck kann es ebenso erforderlich sein, daß er hartnäckig darauf beharrt, daß bestimmte Punkte konkretisiert werden. Er läßt nicht locker und beißt sich gegebenenfalls fest. Sollte das Gespräch an einen toten Punkt gelangt sein, versucht er durch sachbezogene, niemals persönlich-verletzende Äußerungen zu provozieren.

Der Mediator besitzt Fachkompetenz, die nach außen hin als besondere Fähigkeit deutlich wird. Das A und O ist es, daß er von den Konfliktparteien als Persönlichkeit anerkannt wird, ohne Wert darauf zu legen, daß ihm und seinem Ego geschmeichelt wird. Wichtig ist, daß der Vermittler zu keinem Zeitpunkt anbiedernd wirkt. Somit sind sein vertrauensförderndes Verhalten und Auftreten nicht gleichzusetzen mit „nach dem Mund reden" und unter allen Umständen recht geben. Er ist nicht der Typ Mensch, der bemitleidet, der immer lieb und freundlich ist und deshalb mit verwaschenen Argumenten jongliert. In gewisser Weise sollte er „gemocht" werden. Aber über Erfolg und Mißerfolg entscheidet diese eher emotionale Einstellung der Kontrahenten keineswegs. Demnach ist er Respektsperson, die auch hart sein kann, aber immer gerecht ist.

Die Vertrauensperson

Um Vertrauen zu erwerben, müssen die folgenden wichtigen Voraussetzungen durch den Mediator erfüllt sein:

- *Empathie*: Er dokumentiert wohlwollendes, verständnisvolles Einfühlen und Nachvollziehen. Nicht zu verwechseln mit Einverständnis und Gutheißen. Er kann sehr wohl kritisieren, gleichzeitig aber zeigen, daß er eine bestimmte Meinung durchaus akzeptiert.
- *Neutralität:* Der Mediator darf nicht den Fehler machen, Bewertungen und/oder moralisierende Schuldzuweisungen vorzunehmen. Dadurch würden die Kontrahenten in eine bestimmte Ecke gedrängt. Viel schlimmer wäre es, würden sich solche Bewertungen und Schuldzuweisungen ausschließlich auf einen der Konflikt-Beteiligten beziehen.
- *Glaubwürdigkeit und Zuversicht* muß der Vermittler ausstrahlen und verkörpern. Er muß Widerstände ernst nehmen, akzeptieren und berücksichtigen. Argumente, Einlas-

sungen und Emotionen der Kontrahenten als Lappalien abzutun, würde schädlich sein. Das Mediationsgespräch wäre bereits in einem frühen Stadium zum Scheitern verurteilt.

- *Stärke:* Die Anforderungen an den Mediator bedingen nicht zuletzt, daß er über ein strapazierfähiges Nervenkostüm verfügt. Er muß auch chaotische Phasen, die zumindest anfangs so sicher wie das Amen in der Kirche sind, aushalten. Somit ist es erforderlich, daß er über eine derart kraftvolle Persönlichkeit verfügt, um Streit zu übertönen und gegebenenfalls – im übertragenen Sinne – einmal auf den Tisch zu schlagen. Häufig erfordert es die Situation, daß der Vermittler klar und unmißverständlich zur Ordnung ruft. Dies kann auch bedeuten, daß der Mediator das Gespräch unterbricht und aussetzt oder sogar völlig abbricht, bis sich die Gemüter abgekühlt haben.

Das Radarsystem

Zu den herausragenden Eigenschaften eines Vermittlers gehört nicht nur, daß er ausgezeichnet zuhören kann. Er muß auch ein hervorragender Beobachter sein, der alles Mögliche, was um ihn herum passiert – nicht nur das Gesagte –, wie ein Schwamm aufsaugt, blitzschnell analysiert und deshalb die richtigen Schlußfolgerungen daraus zieht. Somit muß der Mediator auf Körpersprache, Mimik und Gestik achten, diese für sich – gleichsam im geheimen – interpretieren und im Gespräch behutsam aufgreifen können.

Bekanntlich laufen Konflikte durchweg auf zwei Ebenen ab: Sie sind sowohl sachlich als auch emotional gelagert. Im Verlauf des Gespräches ist es demnach Aufgabe des Mediators, beide Konflikt-Aspekte in ausgewogener Form zur Sprache zu bringen. Gefühle, unabhängig davon, ob sie positiv oder negativ sind, zu zeigen und offen darzustellen, gar sie zu erörtern, ist eine intime Angelegenheit. Es fällt nicht jedem leicht. Der

Mediator trifft auf introvertierte Zeitgenosssen, die größte Schwierigkeiten haben, Freude und Zufriedenheit, Wut und Ärger nach außen hin zu dokumentieren. Ebenso hat er es auch mit extrovertierten Persönlichkeiten zu tun, die damit weniger oder überhaupt keine Probleme haben. Sie setzen Gefühlsausbrüche sogar zielgerichtet ein, um auf andere Menschen Druck auszuüben. In jedem Fall muß der Mediator die Entscheidung respektieren, sich gefühlsmäßig nicht äußern zu wollen. Allerdings ist es dann seine Aufgabe, doch noch emotionale Einstellungen zu evozieren. Der extreme Gegensatz ist der Ausbruch einer Gefühlsüberflutung. Auch die kann – genau wie das emotionale Mauern der Kontrahenten – für den weiteren Verlauf des Mediationsgespräches negative Folgen haben. Und zwar dann, wenn die Gefühlsäußerung zu einer emotionalen Eskalation mit nach außen hin deutlichen Zeichen wie Schreien, Tränen, hysterische oder Wutanfälle verknüpft sind. Eine derartige Eskalation muß frühzeitig unterbrochen werden. Eine Pause zur Beruhigung kann in diesem Zusammenhang hilfreich und sinnvoll sein. Sie läßt sich nutzen, um ein oder mehrere Einzelgespräche mit den Konflikt-Parteien zu führen.

Bewertungen, nein danke

Die Konfliktpartner sollten nie vergessen, daß der Schwerpunkt in der Mediation auf dem Hier und Jetzt liegt. Zwar hat all das, was in der Vergangenheit gewesen ist, seine logischen Auswirkungen auf das Heute. Doch die Vergangenheit ist vorbei. Im Hier und Jetzt wird die Basis für eine möglichst konfliktfreie Zukunft gelegt. Es geht um das zukünftige Miteinander der Kontrahenten. Der Mediator kann und darf keineswegs beurteilen, was in der Vergangenheit geschehen ist. Ihm steht eine Bewertung einfach nicht zu, welche Aussagen richtig oder falsch sind. Im Mediationsgespräch geht es nämlich nicht um die Wahrheit und/oder wer im Recht bzw. im Unrecht ist. Es gibt immer unterschiedliche, subjektive „Wahrheiten". *Jeder hat aus seiner Sicht immer recht.* Schon Altbundeskanzler Konrad Adenauer unterschied zwischen der Wahrheit, der reinen Wahrheit und der puren Wahrheit. Dabei hatte er im Rahmen seiner Drei-Gliederung die „subjektive Wahrheit" berücksichtigt. Wahrheit ist immer von Persönlichkeiten abhängig und orientiert sich mitunter auch an besonderen Situationen. Deshalb würde sich der Mediator auf Glatteis bewegen, wenn er versuchte, Wahrheit und Recht zu erforschen. Zwar würde das für den jeweiligen Kontrahenten, der sich der Wahrheit überführen ließe, eine für sein Ego durchaus bedeutsamen Bestätigung mit sich bringen. Aber Konflikte lassen sich durch eine solche Wertung nicht lösen.

Hierarchie stört

Konflikte verlaufen in aller Regel mehrdimensional, sowohl auf der Sach- und auf der Personenebene. So können eine Reihe unterschiedlicher Sachfaktoren für das Zustandekommen und die Eskalation eines Konfliktes verantwortlich sein. Auch auf der Personenebene kommen unterschiedliche Aspekte ins Ziel. Eines der wichtigsten ist der hierarchisch orientierte. Relativ problemlos dürfte die Konfliktlösung verlaufen, zumindest was die personenbezogene Ebene angeht, wenn die Konfliktpartner innerhalb des betriebliches Gefüges der gleichen hierarchischen Stufe angehören. Weitaus mühevoller und stressiger ist die Lösungs-Strategie zu realisieren – sowohl für den Mediator, als auch für die Kontrahenten, – sofern Untergebener und Vorgesetzter im Clinch liegen. Hierbei geht es eindeutig um das Thema des Machtgefälles und dessen Auswirkungen auf den Konfliktlösungsprozeß.

Ein erfahrener Mediator wird bereits in der Vor-Mediation mit dem „Machtinhaber" diesen kritischen Punkt besprechen und klären. Der hierarchisch höher Positionierte wird sich schwer tun und es möglicherweise nicht einsehen, den Konflikt mit Hilfe eines externen Fachmanns lösen zu lassen. Es ist durchweg aufgrund seiner Persönlichkeitsstruktur und seiner hierarchischen Position davon überzeugt, daß sich Auseinandersetzungen mit Druck von oben regeln lassen. Er ist es so gewohnt und kennt es leider auch nicht anders. Eine solche Vorgehensweise liegt weder im Interesse der Konflikt-Beteiligten, geschweige denn im Interesse des gesamten Unternehmens. Wie wir bereits wissen, sind Konfliktlösungen, die durch Druck zustande kommen, nicht von langer Dauer. Hier gilt es demnach, daß der Mediator den „Machtinhaber“ durch sachlich nachvollziehbare Argumente davon überzeugt, daß ein Mediationsgespräch erforderlich ist und im Interesse aller liegt. Folgende Punkte sind während der „Vor-Mediation“ zu besprechen, zu klären und zu vereinbaren:

- Weshalb ist es für den Machtinhaber (Vorgesetzer/Chef) vorteilhaft und/oder notwendig, an der Konfkliktlösung mit Hilfe des Mediations-Verfahrens teilzunehmen?
- Ist der Vorgesetzte willens und fähig, seine eigene Person während des Mediations-Prozesses zurückzunehmen und auf seine „Macht“ zu verzichten?
- Welche Konsenquenzen befürchtet der „Machtinhaber“, wenn er im Mediations-Prozeß die Spielregeln und den Grundgedanken der Mediation akzeptiert?
- In jedem Fall muß der Mediator den „Machtinhaber“ davon überzeugen, daß Machtungleichgewichte während des Mediations-Prozesses schädlich sind, kontraproduktiv wirken und deshalb vermieden werden müssen.

2. Der Philosoph

Ein Vorteil des Mediations-Verfahrens liegt in der Erkenntnis begründet, daß Menschen viel eher bereit sind, ihr Verhalten zu ändern, falls sie an der Konflikt-Analyse und Konfkliktlösung direkt beteiligt sind und entsprechende Übereinkünfte selbst schriftlich mitverfaßt haben. Ein Umdenkungsprozeß, der aber gar nicht so einfach ist. Das betriebliche Miteinander ist immer mehr geprägt vom Kampf um Positionen, um Macht und um Hierarchiezugehörigkeit. Denken und Handeln beschränken sich auf die Kategorie von Sieg und Niederlage. Wie wichtig in diesem Zusammenhang die Mediation als Strategie des gemeinsamen Agierens zum gegenseitigen Nutzen ist, wird jeder schnell erkennen. Mit Hilfe der Mediation ist es möglich, den oft schmerzlichen, aber fast immer unheilvollen Kreislauf aus Druck und Gegendruck zu durchbrechen.

Es stellt sich die Frage, welche Faktoren den Menschen überhaupt konfliktfähig machen. Zu den wichtigsten zählen die Übernahme von Verantwortung und das Agieren in weitgehender Autonomie. Konflikt-Beteiligte werden deshalb im Rahmen des Mediations-Verfahrens weder kriminalisiert, wie das möglicherweise vor Gericht passiert, nachdem Schuld und Unschuld feststehen. Noch werden sie pathologisiert in der Hinsicht, daß die einzige Lösungsmöglichkeit in einer Therapie besteht. Beide, sowohl Kriminalisierung und Pathologisierung tragen in erheblichem Umfang dazu bei, daß das Selbstwertgefühl der beteiligten Personen immer weiter zurückgedrängt wird. Doch genau das soll bei einer effizienten und tragfähigen Konfliktlösung nicht geschehen. Das Mediations-Verfahren legt es gerade darauf an, die Selbstwertgefühle der Konfliktparteien keineswegs zu mindern. Sie sollen zumindest auf gleichem Niveau gehalten werden. Nach Möglichkeit sollte der Mediator sogar versuchen, das Selbstwertgefühl der Kontrahenten dadurch zu steigern, daß er ihnen die Bedeutung der freiwilligen und kreativen Konfliktlösung fortwährend vor Augen hält. Deshalb der Grundsatz: *Die Würde des Menschen wird respektiert und geachtet. Er wird in seiner Ganzheit von Körper, Seele und Geist ernstgenommen.* Es gibt nichts Unwichtiges, keine Lappalie, nichts Nebensächliches. Der Mediator respektiert und toleriert, tut nichts ab und dokumentiert auch nach außen hin, daß jede –

nach landläufiger Überzeugung – noch so unerhebliche Kleinigkeit für ihn von Bedeutung ist. Nur so kann er den beteiligten Menschen gerecht werden, allein auf diese Weise ist die Konfliklösung mit Hilfe des Mediations-Verfahrens erfolgversprechend.

Respekt vor dieser Methode der ganzheitlichen Konfliktbeseitigung: *Die Mediation ist eine dem Menschen in seiner Ganzheit gerecht werdende Methode zur Konfliktlösung.* Sie bündelt verschiedene Lösungstrategien und systematisiert sie unter methodischen Gesichtspunkten. In Mediationsverfahren gelten somit folgende Leitmotive:

- Konflikte sollen nicht passiv hingenommen, sondern aktiv angegangen werden. Sie sind nicht gottgegeben, man kann sie beeinflussen. Voraussetzung ist, daß Beteiligte und Verantwortliche erkennen, daß ein Konflikt etwas Behebbares ist.
- Konflikte sollen gewaltfrei, also nicht verletzend und nicht entwürdigend, respektvoll, ohne ideologische Engstirnigkeit sowie ohne Eingreifen von Autoritäten, gelöst werden. Eine Lösung, die *top-down,* von oben herab oktroyiert wird, ist keine. Zumindest nicht langfristig.
- Ziel der Konfliktaustragung und -lösung ist nicht die Vernichtung, Zerstörung und Unterdrückung. Durch Mediation soll niemand mundtot gemacht werden. Im Gegenteil, sie soll die Gleichwertigkeit in der sozialen Ordnung beibehalten bzw. wiederherstellen.
- Der gleichwertige Dialog gleichwertiger Partner ist eine *conditio sine qua non* für die einvernehmliche Konfliktlösung.
- Die eigene subjektive Wahrheit ist nicht absolut, auch wenn sie noch so überzeugend daherkommt. Die andere Wahrheit ist gleichberechtigt, auch wenn sie auf den

ersten Blick nicht überzeugend und alles andere als akzeptabel ist.

- Die Konfliktlösung mit Hilfe des Mediationsverfahrens strebt Konsens-Entscheidungen an. Sieg-Niederlage-Ergebnisse haben da nichts zu suchen.
- Sie ist zutiefst sozial und human, da die Menschen ihr eigenes Leben und ihre Sozialisation in freier Selbstbestimmung gestalten können.

Wenn der Kragen platzt

Konflikte sind anfangs in der subjektiven Wahrnehmung alles andere als positiv. Als Quelle des Fortschritts, der Kreativität und der Effizienz werden sie erst viel später angesehen. Zunächst erlebt man sie durchweg als störend, bedrohlich, destruktiv und schmerzvoll. Es liegt in der Natur des Menschen begründet, der gerne verdrängt und tabuisiert, daß er versucht, seinen Konflikten auszuweichen. Er kehrt sie unter den Teppich, wodurch sie zwar nicht vollends verschwunden, aber vorübergehend wenigstens nicht sichtbar sind. Und schon hat man sich ein wenig Schonfrist verschafft. Doch mit dem einen Konflikt ist es nicht getan, viele weitere kommen hinzu. Und auch die werden nicht offensiv angegangen, sondern ebenfalls unter den Teppich gekehrt, also verdrängt. Und mit der Zeit wölbt sich der Teppich. Es dauert nicht mehr lange, und es paßt auch nicht mehr das kleinste Stäubchen unter den Vorleger. Die Explosion ist programmiert. Der Mensch hat einfach keine Möglichkeit mehr, alle negativen Emotionen wegzustecken. Er muß sich Luft verschaffen, endlich, ja endlich platzt ihm der Kragen. Dampfablassen ist die erste Bürgerpflicht. Fast immer führt die Eskalation von Konflikten zu persönlichen Beschimpfungen und zu einem aufreibenden Machtkampf. Die *emotionale Chaosspirale* dreht sich weiter, denn die negative Seite des Konflikts bestätigt die negative Einstellung des Menschen zum Konflikt. Tragisch ist es, daß jene Entladungen häufig zum falschen Zeitpunkt und am falschen Ort stattfinden. Probleme im Beruf werden daheim im Kreise der Familie ausgetragen. Beziehungsstreß hat umgekehrt erhebliche negative Konsequenzen für die Arbeit.

Alltäglich bis utopisch

Konflikte zu haben ist nichts Außergewöhnliches. Jeder hat schon Dutzende mitgemacht, und Hunderte werden in den nächsten Jahren folgen. Auf rationaler Ebene müßte es deshalb jedem einleuchten, daß Konflikte zum täglichen Leben einfach dazugehören. Sie sind allgegenwärtig, sie sind menschlich, natürlich, sie sind unvermeidbar. Das dürfte jeder wissen, zumindest meint man, sich auszukennen. Weshalb akzeptieren dann die wenigsten, daß es Konflikte gibt und daß sie nur mit einer offensiven Herangehensweise zu lösen sind? Jeder weiß, daß die Vorstellung einer konfliktfreien Welt Utopie ist. Der Mensch muß deshalb mit Konflikten leben, ob er will oder nicht. Genau dieses „mit Konlikten leben“ bedeutet aber nicht, sie passiv, gleichsam gottergeben hinzunehmen. Konflikte nicht nur möglichst schnell, vor allem auch selber zu lösen, ist nicht zuletzt ein Teil freier Selbstbestimmung des Menschen.

Exklusivitätsanspruch

Nun sollte man aber nicht glauben, daß der Mensch gewissermaßen Exklusivrechte auf die Entstehung von Konflikten hat. Diese liegt in der Natur der Sache, ist aber nicht ein ausschließlich menschliches Phänomen. Auch in der sich ständig verändernden Natur treten Störungen der Gleichgewichte auf. Das muß sogar so ablaufen. Denn ohne diese vorübergehenden Ungleichgewichte wären Organismen, Individuen oder Organisationen zum Stillstand verurteilt. Somit sind Konflikte nichts anderes als ein Signal, ja ein Aufschrei, daß etwas nicht (mehr) stimmt. Diese Erkenntnis impliziert zugleich, daß Veränderung erforderlich ist. Sofern diese nicht automatisch erfolgt, muß eine solche Veränderung durch die Beteiligten initiiert werden. Entscheidend ist deshalb, daß Individuen die in jedem Konflikt steckende Veränderungschance zur Weiterentwicklung und zur Verbesserung erkennen und diese auch nutzen. Trennen wir uns doch endlich von der Ansicht, daß Konflikte und – auf einer vorherigen Stufe – Konfliktpotential Werkzeuge des Teufels sind. Betrachten wir sie einfach als *Chance*, uns selbst, aber auch das Gemeinwesen, das soziale Umfeld fortlaufend weiterzuentwickeln. Voraussetzung dafür ist jedoch, daß wir das Vorhandensein von Konflikten als naturgegeben akzeptieren und offensiv ergründen, auf welche Weise sich das innewohnende Potential nutzen läßt.

3. Human Value

Konflikte gibt es gleichsam an jeder Straßenecke. Doch vor allem betriebliche Organisationen sind stark konfliktanfällig. Die Frage, weshalb das so ist, dürfte eigentlich überflüssig sein. Dennoch sollte jeder für sich, der bereits Konflikte durchgestanden hat bzw. auf den Konflikte in Zukunft garantiert zukommen werden, diese Frage beantworten. Nur so hat er auch eine Handhabe, sachgerecht mit Konflikten und mit Konfliktpotential umzugehen.

Jedes Unternehmen muß das Ziel haben, Gewinne zu erwirtschaften. Eine Binsenweisheit, die aber oft unter den Tisch fällt. Zumal in einer Sozialpartnerschaft, wie wir sie in der Bundesrepublik Deutschland jahrzehntelang gekannt haben. Um Gewinne zu erzielen, sind solide Planung und reibungslose Organisationsabläufe Voraussetzung. Dies bedingt aber wieder, daß die im Unternehmen arbeitenden Menschen die optimale Form der Kooperation vorfinden, um effizient zu sein. Das Zwischenmenschliche, das Soziale, das Betriebsklima, die

Arbeitsatmosphäre fördern die Zielerreichung: (möglichst viel) Gewinn zu erwirtschaften. Wenn es nur noch Maschinen gibt, die den Produktionsfaktor menschliche Arbeit und menschliches Denken ersetzen, ist dieses Ziel gefährdet.

Sie wissen es aus eigener Erfahrung: Umsatz- und Eigenkapitalrendite, Finanzierungs- und Lohnnebenkosten zählen. Der Mensch wird zu einer variablen Größe, die nach Ansicht vieler Unternehmenslenker den maximalen Profit verhindert. Mehr als zweifelhaft, daß diese Einstellung auch auf längere Sicht zum Erfolg führt. In Frankreich organisieren sich die Arbeitslosen, veranstalten regelmäßig Massenkundgebungen, bei denen sie immer mehr Menschen auf die Straße bringen. Soweit sind wir zwar in Deutschland noch nicht, aber wer weiß, wie lange es noch dauern wird. Erstmals seit Bestehen der Bundesrepublik Deutschland ist der soziale Frieden gefährdet. Grund dafür ist mit Sicherheit auch, daß Konflikte verdrängt und nicht gelöst wurden. Firmen und Politik tragen die Verantwortung dafür, daß Konflikte eskalieren.

Jedes Unternehmen ist Teil der Volkswirtschaft. Leicht nachvollziehbar, daß eine Fülle von Konflikten in jedem dieser Mikrokosmen unter dem Strich keine geballte Konfliktladung im Makrokosmos Staat ergeben. Jeder kennt Konsequenzen ungelöster Konflikte in einer Firma: Rückzug, Sturheit, Überkonformität, offene Feindseligkeit, Ablehnung, Widerstand, Desinteresse, Gereiztheit, Aggressivität, Intrigantentum, Gerüchte, Formalität, Dienst nach Vorschrift, Krankheit, Alkohol, Mobbing, Kündigung, Mitarbeiter-Fluktuation, Demotivation, Frustration und und und. Die Aufzählung negativer Verhaltensmuster, die allesamt aus ungelösten Konflikten resultieren, ließe sich seitenlang fortsetzen. Jeder weiß es, doch die wenigsten sind bereit oder dazu fähig, dies zu ändern: den Konflikt gleichsam wie den Gordischen Knoten einfach durchzuschlagen.

Dennoch, nicht alles, was als Konflikt daherkommt, ist auch wirklich einer. Selbstverständlich besteht zur Panikmache (noch) kein Anlaß. Vor einer *„Konflikt-Inflation"* muß deshalb gewarnt werden. Eine einfache Meinungsdifferenz ist noch kein Konflikt, und eine Auseinandersetzung einzig und allein um die Sache ebenfalls nicht. Aber beide können dazu werden. Kleine Ursache, große Wirkung. Die Mücke mutiert mitunter wirklich zum Elefanten. Praxis und Erfahrung besagen, daß auch Bagatellen zu gewaltigen Konflikten eskalieren können. Und zum Schluß weiß niemand so recht, warum.

Operation gelungen, Patient lebt

Einen Konflikt zu erkennen, ist die eine Sache. Ihn in seiner jetzigen Form zu analysieren, die andere. Doch der erste, der wichtigste Schritt ist es, seine Entstehungsursachen und seine Entstehungsgeschichte nachzuvollziehen. Deshalb hat eine Konfliktlösung nur dann eine realistische Erfolgschance, wenn ihr eine gründliche und systematische Konfliktdiagnose vorangegangen ist. Der Mediator als externer Fachmann versucht deshalb folgendes zu eruieren:

- Was sind die Streitpunkte, wie sehen die Streitgegenstände aus? Eigentlich lächerlich aber wahr: Oft ist zu bemerken, daß Konfliktparteien – abhängig vom Niveau der Eskalation – noch nicht einmal wissen, worum es ursprünglich überhaupt gegangen ist.
- Deshalb die zweite Frage: Wie ist es zum Konflikt gekommen? Welche Umstände lagen vor? Hat man sich zum ersten Mal nach Feierabend beim Bier gestritten? Oder begannen die Auseinandersetzungen bereits früh morgens beim ersten Zusammentreffen auf dem Flur?
- Auf welcher Eskalationsstufe befinden sich die Kontrahenten derzeit? Ist der Konflikt erst in seinem Anfangsstadium? Oder wurde schon viel Porzellan zerschlagen?
- Wer streitet mit wem? Sind am Konflikt nur zwei oder drei Parteien beteiligt? Oder erstrecken sich die Auseinandersetzungen auch auf das betriebliche, inzwischen sogar auf das private Umfeld der Kontrahenten?
- Wie ist die Beziehungs-Qualität zwischen den Konfliktparteien? Stehen sich, hierachisch betrachtet, gleichwertige

Persönlichkeiten gegenüber? Oder gibt es doch ein betriebliches Machtgefälle zwischen den Kontrahenten, das eine mögliche Konfliktlösung nicht unbedingt vereinfacht?

- In welches soziale System sind die Konfliktparteien eingebunden? Sind aus Freunden Feinde geworden? Aus ehemals guten Kollegen erbitterte Widersacher, die mit allen legalen und illegalen Mitteln versuchen, den anderen niederzumachen? Oder hat es von vorneherein mehr als eine gesunde Konkurrenz gegeben?
- Was wollen die Konfliktparteien erreichen? Wollen sie lediglich in der Sache recht behalten oder recht bekommen? Streben sie nach Macht oder Karriere, wobei sie sich noch nicht einmal scheuen, soziale Gefüge einfach über den Haufen zu werfen? Oder entsprang der Konflikt lediglich aus einer spontanen (Miß-)Laune heraus, die dann zur Konflikteskalation führte?

4. Das kleine Einmaleins der Gefühle

Der Mediator versucht bei der Konfliktdiagnose den Menschen in seiner Ganzheit zu betrachten: Der Mensch ist nicht allein ein biologisches, sondern auch eine seelisches und geistiges Wesen. Somit ergreifen Konflikte den gesamten Menschen in diesen drei Wesenskernen. Konflikte sind nicht zuletzt ein Spiegel der Seele. Sie kehren das Innere nach außen. Konflikte spiegeln durch den jeweils anderen Kontrahenten unsere eigenen Schattenseiten. Das innere Ringen zwischen Licht und Schatten in der eigenen Person wird deshalb als Rahmen von Konflikten nach außen an den Kontrahenten abgegeben. Wir projizieren unsere eigenen Schwächen, Komplexe und Nachlässigkeiten auf den anderen. Ergo sind Konflikte nicht selten eine existentielle *Herausforderung an unser eigenes Selbstverständnis*. Was uns an anderen Menschen extrem aufregt und verärgert ist mit großer Sicherheit ein Teil von uns selbst. Arroganz, Karrierestreben und Anmaßungen des Kollegen bringen uns zur Weißglut. Aber sind wir nicht genauso? Zählen diese Charaktereigenschaften, die wir an anderen nicht mögen, ja sogar verurteilen, nicht auch zu den eigenen? Somit gelten Wut und Ärger eigentlich nicht dem Gegenüber, sondern uns selbst. Das Auslagern auf den anderen, die Projektion von Eigenschaften, mit denen wir selbst nicht zurechtkommen, mildern die eigene existentielle Wucht. Sie helfen, uns selbst zu akzeptieren, ja uns zu mögen. Sie unterstützen uns, das eigene Ego zu stärken, Selbstbewußtsein auf- und auszubauen. Demnach benötigen wir Konflikte wie das tägliche Brot, um psychisch und emotional zu überleben.

Licht und Schatten

Das schreibt sich alles so einfach. Doch wie wirken Konflikte auf uns Menschen? Selbstverständlich sehen die meisten sie nicht als naturgegeben und deshalb positiv. Und die wenigsten erkennen das Potential, das Konflikten innewohnt. Deshalb wirken Konflikte nahezu negativ. Sie beeinträchtigen unsere Wahrnehmungs-, Denk-, und Vorstellungsfähigkeit, unser Gefühls- und Willensleben. Die Dinge, die für uns besonders berdohlich sind – ob tatsächlich oder vermeintlich – nehmen wir sehr gut wahr. Störende und ärgerliche Eigenschaften des anderen springen uns direkt ins Auge. Doch die meisten Dinge bei uns selbst übersehen wir, wir bagatellisieren oder verdrängen sie.

Deshalb: Im Konflikt wird unsere Wahrnehmung selektiv, sie filtert und verdrängt und führt deshalb zu weniger realistischen Ergebnissen. Diese *selektive Wahrnehmung* zeigt sich nicht zuletzt in einem Schwarzweiß-Schema: Wir selbst sind gute Menschen – fair, umgänglich und konstruktiv. Der Konfliktgegner hingegen ist selbstverständlich unfair, böswillig und destruktiv. Und alles mögliche, was es an negativen Eigenschaften zu beklagen gibt. Kontrahenten nehmen im Rahmen von Konflikten ihre Umwelt nach vorgefaßten Meinungen wahr. Beim genauen Analysieren von Konflikten läßt sich schnell feststellen, daß nicht Person A gegen Person B kämpft, sondern die Bilder der jeweils anderen Person kämpfen gegeneinander. Projektionen sind die eigentlichen Gegner, nicht die Personen, die für diese Projektionen verantwortlich zeichnen.

Die Farbe Grau

Konflikte bemächtigen sich selbstverständlich der Gefühlswelt. Sie beeinträchtigen Emotionen, lenken diese in überaus negative Bahnen. Es kommt recht schnell zu einer mißtrauischen Empfindlichkeit. Ambivalente Emotionen wie Achtung und Verachtung, Respekt und Respektlosigkeit, Nähe und Distanz stellen die Kontrahenten vor eine Zerreißprobe. In der Natur des Menschen liegt es auch, daß er die Eindeutigkeit liebt, mit Zwei- bzw. Mehrdeutigkeiten nicht zurecht kommt. Folge ist, daß wir Ambivalenzen oder Polaritäten aufheben möchten. Aber „Eindeutigkeiten" gehen nämlich zu Lasten des Gefühlsreichtums. Die Welt ist eben nicht nur schwarz oder weiß, es gibt auch viele graue Flecken. Beim menschlichen Miteinander sind nicht allein Liebe oder Haß anzutreffen, sondern auch eine Menge von Schattierungen, die irgendwo zwischen diesen beiden Emotionspolen anzusiedeln sind.

Seelenlandschaft

Gefühlsarmut führt dazu, daß sich Menschen voneinander abkapseln. Eigentlich eine natürliche Reaktion, trachtet doch jeder danach, nach außen weniger verwundbar zu sein. Doch die externe Abschottung hat zwangsläufig ihren emotionalen Gegenpol. Nach innen steigt dadurch nämlich die Empfindlichkeit. Man zieht sich in sich selbst zurück, konzentriert sich auf das eigene Ego. Diese Egozentrik bis hin zur Egomanie verhindert aber die Empathie, die Fähigkeit, sich in die

Lage des jeweils anderen zu versetzen. Folge ist, daß Konfliktparteien letztendlich Gefangene ihres eigenen Innenlebens sind.

Konflikte korrumpieren unseren menschlichen Willen. Falls unsere Vorschläge nicht bereitwillig aufgegriffen, sondern eher abgelehnt werden, sind negative Konsequenzen unausweichlich. Man gibt nach und zieht sich zurück. Man wird stur und denkt: „Jetzt erst recht." Man zeigt sich kompromißlos nach dem Motto: Entweder so oder gar nicht.

Zwischen unserem Wollen und der Wirkung unseres Tuns kann eine große Diskrepanz auftreten. In aller Regel ist *„gut gemeint"* nicht gleichbedeutend mit *„gut gemacht"*. Im Gegenteil. Die eine Konfliktpartei tut der anderen Dinge an, deren Wirkung nicht mit der bewußten Absicht identisch ist. Der Kontrahent schlägt auf seine Art zurück, die die erste Konfliktpartei mehr schädigt als seiner Intention entspricht. Und schon kommt ein Konflikt wie eine Lawine ins Rollen. Er spitzt sich zu auf der nach oben offenen Eskalations-Skala.

5. Der Wegweiser

Es wäre zwar menschengerecht, daß die Konflikt-Beiligten die Aggressionsspirale selbst zurückdrehen. Doch in aller Regel ist das nicht mehr möglich. Externe Hilfe ist erforderlich, damit das Chaos nicht seinen Lauf nimmt. Somit ist es Aufgabe des Mediators zu intervenieren. Er muß sich in den Konflikt integrieren, um ihn letztendlich aufhalten und – als Schlußpunkt – gemeinsam mit den Kontrahenten lösen zu können. Für die Konfliktbeteiligten gilt es, die Rolle des Mediators voll und ganz zu akzeptieren. Nach dem Grundsatz: Seine Anwesenheit ist zugleich immer ein Eingreifen. Beim Konfliktmanagement mit Hilfe des Mediationsverfahrens gibt es keine reine Informationssammlung. Recherche ist zweckdienlich und intentional. Verständlich, daß sich Parteien gegen Eingriffe abschirmen, diese sogar aggressiv bekämpfen. Andere versuchen, den Mediator für sich zu gewinnen, ihn gefühlsmäßig zu manipulieren. Der eine Kontrahent möchte die Situation mit Hilfe des Vermittlers zu seinen Gunsten ändern, der andere versucht, alles einzufrieren und den *status quo* beizubehalten.

Eine sachorientierte Intervention setzt die Konfliktdiagnose voraus. Doch auch die steht nicht zu Beginn der Lösungsstrategie. Vor der Diagnose muß der Vermittler wissen, wie und wo die Konflikt-Gegner die Konfliktursachen und die Konfliktquellen sehen. Der Mediator wird bei seiner Arbeit mit den folgenden zwei polar zu einander stehenden Auffassungen und Richtungen konfrontiert:

- Die eine Auffassung besagt, daß die Konfliktquellen in der sachlichen, außermenschlichen Sphäre (Objektsphäre) liegen. Die Konfliktlösung dieser Richtung konzentriert sich folgerichtig auf diese objektiven Aspekte: Strukturen werden verändert, Funktionen umgestaltet und/oder angepaßt, Organisationsabläufe klarer strukturiert und/oder vereinfacht, die bestehenden Ressourcen neu verteilt usw. Eine sicherlich berechtigte Auffassung, aber wahrscheinlich zu kurz gesprungen. Konflikte lassen sich nicht allein auf die Objektsphäre konzentrieren, weil der Mensch dadurch instrumentalisiert würde. Und so ist der Mensch einfach nicht.

- Der Gegenpart ist davon überzeugt, daß die Konfliktquellen in den Individuen, in den Subjekten (Subjektsphäre), demnach in den Konfliktparteien mit ihren Denk- und Verhaltensweisen liegen. Die Konfliktlösung konzentriert sich natürlich auf die Behandlung der persönlichen und zwischenmenschlichen Aspekte, die den Kontrahenten zuzuordnen sind. Veränderung des sozialen Klimas, der Führungsstile, der Gesamtkultur einer Organisation stehen im Vordergrund der Konfliktbewältigung. Doch auch mit diesem Ansatz des Konfliktmanagements wird zu kurz gesprungen. Sicher, er berücksichtigt den Menschen als handelnde und fühlende Institution. Doch durch den Wegfall der Sachorientierung (Objektsphäre) fehlt ein wichtiger Aspekt menschlicher Intentionalität: das Prosaische bestimmten Agierens.

Fazit: Beide Richtungen führen unweigerlich zu einer „Henne-oder-Ei-Diskussion". Man trennt logisch das, was praktisch in vielfältiger Weise verknüpft ist. Bei der Konfliktbewältigung muß aber das zusammenwachsen, was zusammengehört. Deshalb sind beide Ansätze, die jeder für sich genommen bestimmt ihre Daseinsberechtigung haben, zu integrieren. Wechselseitige Wirkungen aller Faktoren im Rahmen einer Konfliktsituation sind vom Mediator zu bedenken. Jene Faktoren sind vernetzt und miteinander verflochten. Und zwar auf die Weise, daß weder die eine noch die andere Auffassung für sich allein langfristiges und tragfähiges Konfliktmanagement wohl nicht bewältigen kann.

Hierzu ein Beispiel: Eine Konfliktintervention ist vergleichbar mit einem Feuerwehreinsatz. Die Helfer rücken mit ihren roten Autos an und verhindern das Schlimmste. Als Brandursache stellt sich ein Kurzschluß heraus. Dieser hat in einem Haus, das vor allem mit Holzelementen gebaut ist, eine sichtlich andere Wirkung als in einem Gebäude, das hauptsächlich aus Metall oder anderen nicht so leicht brennbaren Elementen erbaut wurde. Die Ausbreitung des elektrischen Funkens und dessen Wirkung hängen demnach von den Nachbarelementen ab, von deren Ähnlichkeit, in welchem Ausmaß eine spezielle Ursache eine bestimmte Wirkung haben kann.

Die Feuerwehr könnte den Strom und damit die eigentliche Ursache abschalten. Dennoch brennt das Haus lichterloh, weil die Wirkung bereits eingetreten ist. Das Feuer breitet sich schnell aus. Es wird von allen brennbaren Elementen und vor allem vom Sauerstoff genährt. Somit bekämpfte die Abschaltung des Stroms sicherlich die Ursache bis hin zur Aufhebung.

Doch ein solches Vorgehen wäre völlig sinnlos. Statt dessen unterbindet die Feuerwehr mit Wasser, Löschschaum, Sand oder ähnlichen Materialien die Zufuhr von Sauerstoff. Die Löschaktionen konzentrieren sich also auf diese Faktoren. Die Ursache auszuschalten oder zu unterbinden ist nicht mehr möglich. Das einzige was bleibt, ist die Wirkung einzudämmen. Allerdings eignet sich für die Konfliktprävention das Finden bestimmter Ursachen bestens. Um einen Hausbrand durch Kurzschluß zu verhindern, ist es sinnvoll, Sicherheitsvorschriften beim Hausbau zu beachten. Möglicherweise können diese durch eine recht eng gefaßte Hausordnung ergänzt werden

Auch in Organisationen hat sich der Konflikt zwischen Personen oder Gruppen aus dem Zusammenwirken unterschiedlicher Faktoren und Umstände ergeben. Demnach kann es an vielem liegen, ob das vorhandene Konfliktpotential wirklich zu einer konflikthaften Auseinandersetzung zwischen den Parteien führt. Nicht in jedem Fall kommt es dazu. Aus einer bestimmten Ursache braucht nicht unbedingt eine ganz spezielle Wirkung zu resultieren. Doch leider sind handfeste Konflikte unausweichlich, wenn das Potential dafür vorhanden ist. Aber die wirklichen Ursachen sind, sofern der Konflikt schon in einem fortgeschrittenen Stadium ist, häufig nicht mehr auszumachen. Wie im Beispiel der Feuerwehr und des Hausbrands kann die Ursache längst verschwunden sein, und dennoch wüten die Flammen weiter.

Genauso verselbstständigen sich Konflikte und haben mit der Zeit eine gewisse Eigendynamik. Für den Mediator, den Experten des Konfliktmanagements bedeutet dies, daß er von Anfang an genau beobachten muß und nicht (vor)schnell interpretieren darf. Seine Konfliktdiagnose konzentriert er nicht allein auf die inhaltlichen Streitpunkte. Diese treten vergleichsweise schnell und deutlich zu Tage, sie sind überaus evident. Sein Augenmerk richten muß der Mittler vor allem auch auf die Art und Weise, wie die eine Konfliktpartei über die andere spricht. Er beobachtet genau und hält fest, wann und in welcher Situation sich besonders heftige Emotionen wie Haß, Angst oder Hoffnungslosigkeit zeigen. Der Mediator analysiert sorgfältig, wie die Konfliktparteien über die Streitpunkte sprechen. Äußern sie sich emotional oder eher sachlich, kompromißbereit oder eher ungeduldig, aggressiv oder vergleichsweise ausgeglichen. Die verbalen und nonverbalen Ausdrucksformen der Kontrahenten offenbaren dem Mediator zumeist mehr, als die inhaltlichen Aussagen selbst. Deshalb lautet sein Grundsatz: Erst empathisch wahrnehmen, später analysieren. Konfliktdiagnose beginnt mit der Wahrnehmung von Konfliktphänomenen. Es folgt darauf das Erkennen der Konfliktmechanismen. Daran schließt sich die Untersuchung des Konfliktpotentials an.

IV. Kapitel
Diagnose – woran die Beziehung krankt

1. Die Erlebniswelt der Beteiligten

Konflikte haben immer bestimmte Punkte, Fragen oder Anliegen zum Gegenstand. Diese sind so unterschiedlich, so individuell wie der Mensch selbst. Beispielsweise Unzufriedenheit mit der bestehenden Aufgaben- und Kompetenzverteilung oder die Änderung der Arbeitsabläufe. Ebenfalls können Irritationen über Führungsstile wie Ärger über Entscheidungsverzögerung durch langwierige und unproduktive Besprechungen Ursachen für Konflikte sein. All dies und vieles mehr wird angeprangert, wird angegriffen mit dem Ziel der Veränderung.

Diese unterschiedlichen Faktoren, die auf der emotionalen Ebene Ärger, Wut, Angst, Haß, Verachtung und alles, was der negativen Emotionalität zugeordnet wird, auslösen kann, muß mit den Konfliktparteien erarbeitet werden. Einmal mehr sollten die Kontrahenten merken, daß sie zusammen mit dem Mediator an einem Strang ziehen. Er fordert zwar, übt jedoch keinen Druck aus. Er betont die Freiwilligkeit des Vorgehens und macht deutlich, daß die Konfliktlösung steht und fällt mit der Bereitschaft der Kontrahenten zur Zusammenarbeit. Um die konfliktbeeinflußenden Faktoren zu erarbeiten und die daraus resultierenden negativen Emotionalitäten herauszufinden, empfiehlt sich die bewährte Metaplan-Methode. Vorausgesetzt, die Parteien akzeptieren diesen Ablauf und machen aus Überzeugung mit. Die Kontrahenten notieren auf den Metaplan-Kärtchen ihre Konflikt-Punkte. Formalität: ein Aspekt pro Karte. Aus diesen unterschiedlichen Konfliktpunkten resultiert gleichsam eine Konflikt-Landkarte, die nach zusammenhängenden Themen gruppiert und besprochen wird. Wirkung: Die Unterschiede zwischen den Konflikt-Beteiligten treten deutlich zutage, aber auch bislang nicht vermutete oder vorübergehend verschütt gegangene Gemeinsamkeiten sind erkennbar. So findet der Mediator bereits erste Ansatzpunkte für eine mögliche Konfliktlösung.

In aller Regel sind die Motive und Anliegen für die eigene Position bekannt, die der Gegenpartei können dagegen nur erraten werden. Entsprechend hoch ist die Fehlerquote, zumal diese durch emotionale Befindlichkeiten in erheblichem Maße beeinflußt wird. Denkbar im Rahmen des Mediationsgespräches ist es deshalb, daß die jeweiligen Kontrahenten die vermuteten Motive der Gegenpartei formulieren. Der Mediator muß so professionell vorgehen, daß er nach kurzer Zeit erkennen kann, ob und inwieweit die Konfliktparteien willens und fähig sind, sich in die Lage und Situationen der Gegenseite hineinzudenken, hineinzufühlen und einzuleben. Bereitschaft und Fähigkeit lassen sich vergleichsweise leicht auf Grund der Äußerungen, sowie an Hand von Mimik und Gestik erkennen. Sobald die Konflikt-Beteiligten sich recht erfolgreich in die Motiv-Lage ihrer Kontrahenten eingelebt haben, ist es möglich, diese schriftlich zu formulieren und übersichtlich in einem Raster darzustellen. Auch wenn der Mediator meint, die eigentlichen Motive und Überzeugungen der Konflikt-Beteiligten besser zu kennen, knüpft er zunächst dennoch bei deren Erleben an, um dann einen Lernprozeß auszulösen. Die Kontrahenten müssen also den Eindruck haben, daß sie selbst in gewisser Weise den Fortlauf des Geschehens beeinflussen und nicht andere. Das Sich-Bewußt-Machen der Motivlage des Kontrahenten ist ein entscheidender Faktor. Vor allem dadurch wird gegenseitiges Verständnis Schritt für Schritt aufgebaut. Global und weitgefaßte Anliegen und Motive müssen in kleinere Einheiten portionsgerecht, zum Zweck des besseren Verstehens aufgeteilt werden. Vorteil ist, daß dadurch Gemeinsamkeiten und Differenzen schneller erfaßbar sind. Ein weiterer methodischer Schritt kann dann eingeleitet werden, wenn der Mediator eine starre Fixierung der Konflikt-Parteiein auf die jeweils eigenen Anliegen und Motive feststellt, die Kontrahenten also nicht bereit sind, auf die Einlassungen und die Konflikt-Faktoren der Gegenseite sachlich einzugehen.

Wer glaubt, daß sich Konflikte in traniger Behäbigkeit und schöner Regelmäßigkeit fortentwickeln, der irrt. Ein Konflikt eskaliert vielmehr sprunghaft, häufig sogar explosionsartig. Erstaunlich ist, und das belegen eine Fülle unterschiedlicher Mediations-Verfahren, daß die Konfliktparteien solche Eskalationspunkte mit einer großen Trefferquote benennen und beschreiben können. Diese Zielsicherheit ist zumeist vor allem intuitiv, weniger rational begründet. Der Mediator läßt den Konfliktparteien in dieser Hinsicht freien Lauf, gleichwohl in geordneten Bahnen unter Beachtung der zuvor aufgestellten Spielregeln. Er achtet besonders darauf, daß die Kontrahenten jene Eskalations-Episoden lebendig und farbig schildern. Zur Verstärkung des gemeinsamen Eindrucks sind sogar Simulationen und Rollenspiele, bei denen die Eskalationsentwicklung nachgestellt wird, möglich. Vorteil einer derart lebensnahen Darstellung ist, daß die Konfliktparteien sich gegenseitig die besondere Bedeutung der eigenen Anliegen und Motive vor Augen führen. Um so leichter fällt es, die Position des jeweils anderen nicht nur nachzuvollziehen, sondern auch Schritt für Schritt zu verstehen. Alle Beteiligten, nicht zuletzt der Mediator, erleben und erkennen auf spielerische Weise, wie der Konflikt bis dahin verlaufen ist und welchen Eskalationsgrad er erreicht hat. Fast immer erkennen die Kontrahenten tatsächlich zum ersten Mal, was bis dato wirklich abgelaufen ist. Sie lösen sich vom subjektiven Empfinden und können den bisherigen Entwicklungsprozeß auf eine weitgehend objektive Basis stellen. Das ist eine hervorragende Ausgangsposition für spätere Lösungsansätze.

2. Alles ist subjektiv

Es liegt in der Natur der Sache, daß die Konfliktparteien unterschiedliche Grundeinstellungen zu den mehr oder weniger gravierenden Auseinandersetzungen haben. Folgende lassen sich grob unterscheiden:

Unvermeidbare Konflikte

Für die Konfliktparteien sind die Konfrontationen unvermeidbar und eine Übereinstimmung unmöglich. Aus dieser Haltung ergeben sich drei Konsequenzen. Der Konflikt ist – erstens – nichts anderes als eine Auseinandersetzung nach den Prinzip: Sieg oder Niederlage. Kompromisse, bei denen beide Parteien gewinnen und jede Partei ihr Gesicht wahren kann, sind nicht möglich. Entweder man selbst geht unter, oder der andere ist für alle Zeiten aus dem Geschäft. Die Konfliktlösung würde in einem solchen Fall – zweitens – in eine Unterwerfung durch Schiedsspruch münden. Eine – wie auch immer – übergeordnete Stelle würde mit Machtfülle letztlich entscheiden, welcher der Konflikt-Beteiligten recht hat und wer unterliegt. Dies bedeutet gleichzeitig auch – drittens – daß der Konflikt-Verlauf und der Konflikt-Ausgang einem unpersönlichen Los- oder Zufallsverfahren überlassen wird. Eingegangen wird dabei nicht auf die individuellen Unterschiede der Kontrahenten. Was gleichzeitig beinhaltet, daß eine derartige Konfliktlösung in aller Regel nicht von langer Dauer sein dürfte.

Überflüssige Konflikte

Die Konfliktparteien betrachten die Konfrontation so überflüssig wie einen Kropf und deshalb vermeidbar. Trotz dieser grundsätzlich positiven Einsicht erscheint eine Konsenslösung zumindest vorläufig nicht möglich. In diesem Zusammenhang sind ebenfalls drei Konsequenzen denkbar. Jede der beiden

Konflikt-Parteien – Konsequenz eins – zieht sich zurück. Sie lassen keinerlei externe Initiative an sich heran, geben sich kompromißlos und uneinsichtig. Daraus folgt – Konsequenz zwei – die gegenseitige Isolation. Miteinander reden ist im Rahmen dieser Attitüde genauso wenig möglich, wie eine, egal welche, Zusammenarbeit in sachlicher Hinsicht. Jeder der Kontrahenten wird zudem versuchen, seinen Gegenpart sozial zu isolieren, ihn also im Kollegen-/Freundeskreis zu diskreditieren. Das gegenseitige indifferente Verhalten – Konsequenz drei – ist unübersehbar.

Einigung ist möglich

Trotz der schon länger anhaltenden Konfrontationen schließen die Konfliktparteien eine mögliche Übereinkunft in bestimmten Punkten keinesfalls aus. Eine ideale Arbeitsvoraussetzung für den Mediator, der jetzt in aller Regel nur noch recht dünnes Eis brechen muß. Und erneut ergeben sich aus dieser Haltung der Konfliktparteien drei unterschiedliche Konsequenzen. Die erste: Die Kontrahenten haben verdeutlicht, daß sie an einer gemeinsamen Konfliktlösung interessiert sind. Deshalb dürfte es ihnen durchweg leichter fallen, sich in die Lage des jeweils anderen zu versetzen und dessen Einstellungen und Einlassungen zumindest zu respektieren. Provokationen durch den Mediator sind meist nicht erforderlich. Die zweite: Nach kurzer Zeit kommt es zu Verhandlungen zwischen den Konfliktparteien, die der Mediator mit nur wenig Mühe initiieren und daraufhin begleiten kann. Die Kontrahenten übernehmen das Konfliktmanagament selbst. Die dritte legt die Kompromißbereitschaft der Parteien nahe, daß eine gegenseitige Duldung ohne viel emotionalen und sachlichen Aufwand möglich ist. Jeder kann sein Gesicht wahren, niemand braucht das eigene Ich aufzugeben.

Entscheidend in diesem Zusammenhang ist, daß der Mediator mit den Konfliktparteien gemeinsam an der Grundauffassung und Grundeinstellung zum Konflikt arbeitet und dadurch die Voraussetzung für einen konstruktiven Verlauf des Konfliktmanagements mit dem Ziel einer einvernehmlichen und freiwilligen Lösung für alle Beteiligten schafft. Es braucht nicht besonders betont zu werden, daß der Vermittler selbst seine Haltung und Einstellung gegenüber den Konflikten kennt. Ob und in wieweit er sie äußert, bleibt ganz allein ihm überlassen. In aller Regel ist dies nicht erforderlich, und es sollte auch nicht so sein, damit keine Gefahr der Wertung oder Parteinahme aufkeimt.

3. Bewertung von Konflikten

Herauszufinden, wie die Konfliktparteien den Konflikt bewerten, ist ein hartes Stück Arbeit. Obwohl sich im Grunde nur vier Hauptrichtungen unterscheiden lassen. Diese aber werden komplettiert durch eine Fülle von unterschiedlicher Einzelempfindungen und Wertungen, zu denen die Konfliktparteien mit der Zeit gefunden haben.

Gier

Anhänger dieser Richtung gehen davon aus, daß materielle Verhältnisse – zu subsumieren unter der Polarisierung Besitz und Besitzlosigkeit – bestimmend für Konflikte sind. Der eine der Kontrahenten hat weniger als der andere. Zumindest tut das Gegenüber so, als habe er mehr. Neid und Mißgunst resultieren daraus genauso wie das Streben, genausoviel oder noch mehr zu haben. Somit ist die Gier nach zusätzlichem Besitz häufig der Ursprung von Konflikten. Konflikte in Unternehmen und Organisationen werden häufig geprägt durch den vermeintlich mangelhaften Personalbestand, geringe Budgetgrößen usw. Auch dieser Konflikt spiegelt im Grunde das emotionale Gegeneinander von Besitz und Besitzlosigkeit, Macht und Ohnmacht wider.

Ideologie

Die zweite Bewertungsrichtung im Rahmen eines Konflikts ist „spiritualistisch“. Dabei ist der Mensch nichts anderes als Werkzeug im Ringen zwischen geistigen Mächten. Polarisationen wie Gut und Böse, Licht und Finsternis, Recht und Unrecht sind dieser Konfliktbewertung eigen. In Glaubens- und Bekenntniskriegen wird um diese Werte gestritten. Im Ringen um die Wahrheit gibt es keine Kompromisse. Im Gegenteil, Eifer und Fanatismus vertiefen die eigene Überzeugung bis ins Dogmatische hinein. Man schaut nicht mehr nach links und nach rechts, der Blick ist auf ein Ziel gerichtet, von dem es kein Abweichen geben darf. Das Abweichlertum anderer Menschen wird rigoros bekämpft.

Realitäten

In der dritten Richtung gelten Konflikte als Realitäten des Lebens, die hingenommen werden müssen. Sie können nur akzeptiert und besser verarbeitet, aber unter dem Strich nicht gelöst werden. Der Mensch, der sich auf Grund seiner subjektiven Bewertung in einer solchen Konfliktsituation befindet, steht allem, was ihn stört, krank macht oder emotional aufrüttelt, vergleichsweise hilflos gegenüber. Es gibt eben Dinge und Situationen im Leben und täglichen Miteinander, die sich weder lösen noch ausräumen lassen. Man kann an ihnen arbeiten, um sie zu verbessern und auf diese Weise erträglicher zu gestalten. Sie völlig aus der Welt zu schaffen würde aber den Einfluß und die Kraft des Einzelnen übersteigen.

Chance

Die vierte Richtung sieht in einem Konflikt den „Geburtshelfer“ für Veränderungen und Weiterentwicklungen. Stillstand bedeutet Fortschritt oder gar Rückschritt. Und ohne Konflikte gibt es eben nur diesen Stillstand. Das eigene Ich könnte sich nicht weiterentwickeln, kreatives Fortkommen wäre von vorneherein zum Scheitern verurteilt. Diese Einstellung zu Konflikten ist unwidersprochen die positivste. Einfach deshalb, weil sie den Konflikt nicht als etwas Bedrohliches, Angstmachendes und Unabänderliches passiv hinnimmt, sondern versucht, ihn offensiv und kämpferisch anzugehen. Die Intention hierbei ist, dem Konflikt – und mag er noch so gravierend sein – das jeweils Beste abzugewinnen. Naturgemäß für sich selbst, aber nicht zuletzt auch für das große Ganze.

4. Der Rollenstreß des „Leithammels“

Konfliktdiagnose schließt, wie bereits wiederholt erwähnt, den Menschen mit allen seinen Wahrnehmungen, Einstellungen, Gefühlen, Intentionen, Verhaltensweisen, Intuitionen, Inspirationen, Imaginationen und vieles mehr ein. Um einen Konflikt vollständig zu diagnostizieren, ist ein Blick auf die unterschiedlichen Rollentypen von Führern innerhalb der Konfliktparteien in Bezug auf die Gegenseite erforderlich. Die Grundfragen lauten deshalb:

- Wer ist eigentlich die jeweilige Konfliktpartei und wie setzt sie sich zusammen?
- Handelt es sich lediglich um zwei Individuen? Oder sind an den Auseinandersetzungen zwei oder mehrere Gruppen, Teams oder Abteilungen innerhalb eines Unternehmens beteiligt?

Drehscheibe

Konflikte zwischen Gruppen, Teams oder Abteilungen äußern sich sehr selten direkt zwischen zwei Mitgliedern. Ausgetragen werden sie zwischen den Repräsentanten bzw. den Führern der jeweiligen Gruppe. In diesem Zusammenhang kommt dem Mediator die Aufgabe zu von vorneherein festzustellen, wie die Beziehung der Führer zu ihren Gruppen aussieht, welche hierachische Position sie innerhalb ihrer jeweiligen Gruppe einnehmen. Verfügt der Führer beispielsweise traditionell und qua seiner hierarchischen Stellung innerhalb des Unternehmens über Macht und Einfluß? Oder hat sich im Laufe der Konflikt-Eskalation eher zufällig ergeben, daß er die Anführerschaft übernimmt und sich deshalb als Sprecher der Gruppe geriert?

Für die Konfliktbehandlung ist die Klärung dieser Fragen eminent wichtig. Der (An-)Führer ist das Sprachrohr der Gruppe. Er spielt die Drehscheibe der Kommunikation. Die Gruppenmitglieder identifizieren sich mit ihm, er ist die Symbolfigur für seine Mitstreiter. Der Führer befiehlt, und alle folgen ihm. Mitunter auch im schlechtesten deutschen Sinne. Mitunter wird der „Leithammel" einer Konfliktpartei idealisiert und zum Held stilisiert. Er kann tun und lassen, sagen und verheimlichen, was er will. Alles wird von seinen Leuten akzeptiert. Unabhängig davon, ob es richtig oder falsch ist, akzeptabel oder unakzeptabel. Der Führer übt Macht aus und kann sehr wohl manipulieren. Solche Menschen verfügen in aller Regel über ein außerordentliches demagogisches Geschick. Ihre Mitstreiter degenerieren häufig zu willfährigen Werkzeugen. All das muß nicht so sein, kann es aber.

Allerdings könnte der Führer auch in seine Position hineingedrängt worden sein, ohne daß er persönliche Machtambitionen damit verknüpft. Doch unabhängig davon, welche hierarchische Stellung der Führer innerhalb einer Konfliktpartei innehat, in jedem Fall nimmt er eine Schlüsselposition ein.

Deshalb sind seine Beziehungen und das, was er daraus macht, Gegenstand der Konfliktanalyse und Konfliktdiagnose durch den Mediator. Beide sind unbedingt erforderlich, damit das Konfliktmanagement erfolgreich starten kann – von einer Konfliktlösung zum Ende des Mediationsverfahrens ganz zu schweigen. Somit ist es von großem Nutzen, daß der Mediator sich ein klares Bild davon macht, welchen Einfluß der Führer in der eigenen Gruppe hat.

Verhandlungszeremonien

Am Beispiel einer Verhandlungssituation zwischen Arbeitgeber und Arbeitnehmervertretern, auf die später noch ausführlich eingegangen wird, läßt sich das Spannungsfeld veranschaulichen. Zu Beginn tragen die jeweiligen Repräsentanten die *Forderungen* und Programme ihrer Hintermannschaften vor. Zunächst sind sie hier „lediglich" ausführende Organe. Eingefleischte Funktionäre, die schon manche Tarifschlacht in langen, nicht enden wollenden Nächten geschlagen haben. Jeder spricht für seine eigene Partei. Man trägt inhaltliche und sachorientierte Konzepte sowie Forderungen vor. Meist passiert das vergleichsweise emotionslos.

Dann folgt ein *vorsichtiges Abtasten* der gegenseitigen Zugeständnisse. Die Positionen der jeweils anderen Seite sind bekannt, doch die Erfahrung zeigt, daß diese nicht unverrückbar bleiben müssen. Diese Entwicklung, die hier quasi im Zeitraffer dargestellt wird, kann sich selbstverständlich zäh und langatmig hinziehen. Sie erfolgt zumeist ebenfalls unter Aufbietung erheblicher emotionaler Kräfte.

Irgendwann tun sich *Verhandlungsspielräume* auf. Zu Beginn noch ein wenig zaghaft, weil jeder denkt, er verlöre durch eine zu frühe Kompromißbereitschaft sein Gesicht. Dennoch kommen sich die Funktionäre als Personen allmählich näher. Kein Wunder, schließlich kennt man sich als Verhandlungspartner schon seit Jahren. Jeder weiß, was er vom jeweils anderen zu halten hat. Und es ist bekannt, daß die andere Seite nach einem mehr oder weniger harten Ringen dann doch Zugeständnisse macht. Man ist müde und erschöpft, hungrig und durstig. Man möchte langsam zu einer Einigung kommen. Das persönliche Auftreten dokumentiert das Bemühen um ein konstruktives Klima. Eine denkbar gute Voraussetzung, um endlich Nägel mit Köpfen zu machen.

Endlich beginnt die Suche nach tragfähigen *Lösungen.* Und plötzlich erinnert sich kaum jemand daran, was zuvor geschehen ist. Die Konflikte brechen wieder auf, das Dilemma beginnt. Jeder Repräsentant befindet sich wieder einmal mitten in einem Zwei-Fronten-Krieg. Er ist die Sandwich-Person, die sowohl die Interessen des eigenen Lagers, fairerweise aber auch die Interessen der Gegenseite respektieren und reflektieren muß. Er selbst ist sich darüber im klaren, daß eine erneute Kompromißlosigkeit für eine verfahrene Situation sorgen würde. Doch jeder der Kontrahenten ist Partei. Jeder muß die Forderungen der eigenen Seite soweit wie möglich durchzusetzen. Andererseits gilt es, Lösungsvorschläge, die immer Kompromisse enthalten – mitunter auch schmerzliche – dem eigenen Lager schmackhaft zu machen.

Seiltanz

Somit befinden sich die Führer permanent in einem *Grenzrollenkonflikt.* Während der eine dazu neigt, zuerst die Einstellung und das Zugeständnispotential seiner Leute zu erkunden und nichts ohne deren Placet zu tun, ist der andere eher ein Pragmatiker. Für ihn zählt das Machbare. Deshalb ist er bereit, dem „Gegner" bis an die Schmerzgrenze entgegenzukommen. Die Position in seinem Lager ist so gefestigt, daß dieser (An-) Führer sich nicht fortwährend rückversichern muß, wenn es um Entscheidungen und die Ratifizierung von Lösungsmöglichkeiten geht. Dies bedeutet auch, daß er mit einer größeren

Machtfülle ausgestattet ist. Gleichwohl genießt er das uneingeschränkte Vertrauen seiner Leute, die ihm zugestehen, die optimale Synthese von Wünschenswertem und Machbarem zu finden.

Unabhängig davon, welche Position und welches Standing „Leithammel“ innerhalb ihrer jeweiligen Partei haben, beide spüren den Druck und die doppelte Belastung, die der Konflikt mit sich bringt. Gleichwohl gehen sie unterschiedlich mit dem Konflikt um. Und zwar deshalb, weil dem jeweiligen Führer innerhalb seiner Partei eine unterschiedliche Rolle zugedacht und auch zugestanden worden ist.

So ist es möglich, daß die eine Seite ihrem Repräsentanten nur ganz kleine Ermessensspielräume zugesteht. Selbst wenn er zu Zugeständnissen bereit ist, verhindert dies die Instruktionen seiner Leute. Eine nicht gerade angenehme Situation. Sobald er sich nämlich nicht an die Spielregeln hält, bestrafen ihn seine Leute. Sie machen ihn lächerlich oder stoßen ihn sogar aus der jeweiligen Gruppe aus. Durch enge Vorschriften und strikt formulierte Erwartungen ist er an sein Mandat gebunden. Mehr noch, er ist daran gekettet, ohne viel Bewegungsraum zu haben.

Anders reagiert die Gegenpartei, deren Mitglieder weitaus liberaler und freizügiger mit ihrem (An-)Führer umgehen. Diese Gruppe bindet ihren Repräsentanten bei weitem nicht so eng, sie läßt ihm die lange Leine. Auf Grund des freien Mandats hat der Repräsentant ausreichend Verhandlungsspielraum, den er situationsabhängig nutzen kann. Wichtig: Er darf seinem eigenen Urteil folgen, falls er sich für die eine oder andere Kompromißlösung entscheiden möchte. Auch eine ablehnende Haltung kommt fast ausschließlich auf Grund eigener Überzeugungen zustande. Fortlaufende Rücksprache mit den Mitgliedern der eigenen Gruppe ist nicht erforderlich.

Es liegt in der Natur der Sache, daß es bei den beiden Mandatsformen zu unterschiedlichen persönlichen Verhaltenswei-

sen der jeweiligen Repräsentanten kommen kann. Während sich der eine ängstlich und weitgehend ohne eigene Initiative an sein Mandat hält, hat der andere die ihm von seiner Gruppe zugestandene Freiheit, autonom und der jeweiligen Situation entsprechend zu entscheiden.

5. Die Eigendynamik von Konflikten

In Konfliktsituationen wirken eine Fülle unterschiedlicher Mechanismen gleichzeitig. Sie führen zu einer Verzerrung der Wahrnehmung, zur Fixierung negativer und feindseliger Einstellungen sowie letztendlich zu einem durch und durch destruktiven Verhalten. Verständlich und folgerichtig ist, daß diese Mechanismen den Konflikt weiter eskalieren lassen. Alle Bemühungen der Konfliktparteien innerhalb dieser Mechanismen enden zwangsläufig in einem noch tieferen Konflikt, bis zum Schluß nur noch Ausweglosigkeit zu konstatieren ist.

Der Splitter und der Balken

Die eigenen Schwächen werden dem anderen in die Schuhe geschoben, damit man sie nicht selbst zu akzeptieren braucht. Es ist doch weitaus bequemer, eigene Unzulänglichkeiten abzulehnen, zu negieren oder einfach zu tabuisieren und sie nach außen zu verlagern, als sich aktiv und offensiv mit ihnen auseinanderzusetzen. Dieser Vorgang hat eine weitere Blockierung unserer Wahrnehmung zur Folge. Fast im Handumdrehen und automatisch spalten wir die eben geschilderten negativen Eigenschaften ab und könne sie deshalb an uns selbst auch nicht mehr beobachten. Wir tun so, als seien alle anderen, nur nicht wir selbst davon betroffen. Von vorneherein verlagern wir diese Eigenschaften auf unsere Gegner und sehen diese dann in der subjektiven Wahrnehmung erneut folgerichtig als die vermeintlich wahren Verursacher.

Mit diesem Projektionsmechanismus ist paradoxerweise eine Frustration des eigenen Ichs verbunden. Sie mündet in Selbstvorwürfen, Schuldgefühlen und Enttäuschungen. Verständlich, daß jeder versucht, diesen Teufelskreis durch heftige und unangemessene Überreaktionen zu kompensieren, ja zu durchbrechen. Eine naheliegende Rechtfertigung eigener Schwächen und des eigenen negativen Verhaltens besteht darin, der anderen Partei all das zuzurechnen und sie als Verursacher dafür zu nennen, obwohl man selbst die volle Verantwortung trägt. Sobald aber dieser frustrierende Projektionsvorgang von einer der Konfliktparteien erkannt wird, ergibt sich fast automatisch eine Entspannung der Situation. Die Frage ist lediglich, wer erkennt als erster diesen Mechanismus und wer ist dann zusätzlich bereit, sich dazu zu bekennen. Dieses Erkennen und Bekennen erfordert naturgemäß ein gehöriges Maß an Charakterstärke und Souveränität. Menschen, die an mangelndem Selbstwertgefühl laborieren, sind in aller Regel dazu nicht fähig. Erneut obliegt es dann dem Mediator, eine der Konfliktparteien, wenn möglich sogar beide, zu diesem ersten wichtigen Schritt zu bewegen.

Der Bazillus

Auch benachbarte Themen, die mit den eigentlichen Auseinandersetzungen überhaupt nichts zu tun haben, werden durchweg in den Konflikt integriert. Wie eine ansteckende Krankheit wird alles hereingenommen und herangetragen, was auch im Entferntesten dazu dienen könnte, die eigene Position einer Konfliktpartei zu stärken und die der Gegenseite zu schwächen. Der Konflikt nimmt in seiner Komplexität erstaunlich schnell zu. Gleichzeitig ist aber in aller Regel zu beobachten, daß die Kontrahenten zu einer Vereinfachung der jeweiligen Konfliktsituation tendieren. Bereits im „normalen" Leben ist es so, daß der Mensch nur über eine begrenzte Aufnahmefähigkeit verfügt. Damit er die Übersicht behält, filtert und vereinfacht er Sachverhalte. In Streßsituationen ist er noch weit weniger fähig, komplexe Sachverhalte zu bewältigen. Im Gegenteil: seine Fähigkeit, Übersicht und Durchblick zu erlangen, wird fast immer noch reduziert. Das Wahrnehmungs- und Auffassungsvermögen rutscht vor allem in Konfliktsituationen auf ein denkbar niedriges Vereinfachungsniveau.

Die Phantasie geht mit einem durch

Die Konfliktparteien zimmern sich ihre eigenen Theorien über Ursachen und Hintergründe nach persönlichem Gusto zurecht. Die Phantasie, die durch Angst angetrieben wird, galloppiert wie ein durchgebranntes Pferd auf und davon. Deutlich erkennbar ist, daß es längst nicht mehr um die objektive Klärung von Ursachen geht, sondern einzig und allein um die Suche nach dem tatsächlich, meist aber vermeintlich Schuldigen. Jede andere Darstellung, wußte schon Paul Watzlawick, ist eine „bewußte Verdrehung der Tatsachen". Zumindest in der subjektiven Wahrnehmung der Kontrahenten. Typisch für solche Konstellationen ist, daß die Konfliktparteien auf Dauer ihr eigenes Tun lediglich noch als (angeblich berechtigte) Reaktion auf die Aktionen der Gegenpartei sehen. Auch durch dieses Verhaltensmuster setzt sich eine unheilvolle Konfliktspirale in Gang, die aus sich selbst heraus nur noch schwer oder im Extremfall gar nicht aufzuhalten ist. Ohne externe Hilfe dürfte Konfliktmanagement auf dieser Eskalationsstufe kaum noch möglich sein.

Der Wettkampf

Die Konfliktparteien ziehen weitere Personen und/oder Gruppen der jeweils sozialen Umgebung mit in den Bann des Konflikts. Die Intention einer solchen Vorgehenswiese liegt auf der Hand. Die Konfliktparteien versprechen sich dadurch eine Verstärkung der eigenen Macht und des eigenen Einflusses. Aber genau das Gegenteil tritt ein: Kontrolle und Macht über den Konflikt und damit über den/die jeweiligen Kontrahenten nehmen Schritt für Schritt weiter ab. Es ist nicht damit getan, daß die Vorschläge und Argumente der Gegenpartei als unakzeptabel bewertet, mitunter erst gar nicht aufgenommen werden. Der Gegenüber an sich wird zur *persona non grata*. Der Konflikt bewegt sich nun längst nicht mehr auf der Sachebene, sondern er wird personifiziert. Der Gegner ist der persönliche bzw. unpersönliche Feind, wie man's nimmt. Der Konflikt wird zum Wettkampf um die günstigere Position. Die Beklemmung, die Hast und Getriebenheit sowie die in der subjektiven Wahrnehmung bestehende Ausweglosigkeit lassen die Konfliktparteien in ihrem Argwohn nicht abwarten, bis die Gegenpartei etwas unternimmt. Man ist für den *worst case* gewappnet. Mehr noch, man erwartet ihn und ist sicher, daß er in nächster Zeit geschehen wird.

Die bisherigen Ausführungen verdeutlichen, wie es fast garantiert gelingt, den Konflikt dynamisch voranzutreiben. Der Konflikt-Experte Friedrich Glasl stellt die Eskalation in neun unterschiedlichen Stufen dar. Der Mediator weiß: So sehr sich die Konfliktparteien auch bemühen, ihre Auseinandersetzungen unter Kontrolle zu halten, desto mehr werden sie in den

Strudel des Konflikts hineingezogen. Die Turbulenzen nehmen zu, und der kleine Fluß zu Beginn der Reibereien schwillt zusehends zu einem mächtigen und reißenden Strom an, um alle in die Tiefe hinabzuziehen. Bildlich und besser zu begreifen ist der Eskalationsprozeß als eine Abwärtsbewegung.

Das Nach-unten-gerissen-Werden verdeutlicht zudem, daß im Rahmen und mit laufender Entwicklung eines Konflikts die Untiefen im menschlichen Wesen wachgerufen werden. Der reißende Fluß stürzt mit großem Getöse und rasanter Geschwindigkeit dahin, es scheint schier unmöglich, zu steuern und gegenzusteuern, geschweige denn zu kontrollieren und zu beherrschen. Von Stromschnelle zu Stromschnelle gleitet das Regressionsniveau der Konfliktparteien immer weiter abwärts. Das gesamte Selbstkonzept eines Menschen gerät während des Konflikts ins Strudeln bis hin zur Besinnungslosigkeit, um im Bild zu bleiben. Das liegt vor allem auch daran, daß den Konfliktbeteiligten die unterschiedlichen Eskalationsstufen nicht bewußt werden. Im folgenden Kapitel lesen Sie, welche neun unterschiedlichen Stufen bei der Eskalation eines Konflikts zu unterscheiden sind.

V. Kapitel
Die neun Eskalationsstufen

Wenn ein Konflikt fortgeschritten ist, können sich die Konfliktparteien in aller Regel nicht mehr an Ursachen erinnern. Die Auseinandersetzungen finden mit einer gewissen Vehemenz und Gravität statt, basta. Doch Konflikte entwickeln sich nicht im Handumdrehen und auch nicht über Nacht. Allmählich gewinnen sie an Stärke, und jeder der Kontrahenten hat seinen Beitrag dazu geleistet. Konflikte eskalieren. Deshalb kommt es für den Mediator darauf an, daß er frühzeitig analysiert, in welchem „Stärke-Stadium" sich ein Konflikt befindet.

1. Eskalationsstufe: Dissonanzen und Verstimmungen

So richtig heftig bekriegen sich die Konfliktparteien in dieser ersten Stufe noch nicht. Zunächst entstehen Spannungen, Reibungen und Verstimmungen. Man ist unterschiedlicher Meinung, kann den Standpunkt der Gegenseite nicht verstehen, geschweige denn respektieren. Jede der Konflikt-Parteien, die durchweg diametral entgegen laufen, pocht auf eigene Ideen und Lösungsvorschläge, ohne auch nur ansatzweise zu erwägen, daß die Auffassungen der Gegenseite möglicherweise ebenfalls ihre Berechtigung haben und deshalb realisierbar sind. Mit der Zeit verfestigen und verhärten sich die jeweils eigenen Standpunkte.

Galten die Konflikt-Beteiligten sowohl im Kollegenkreis als auch im jeweiligen sozialen Umfeld bis dahin als recht offen und aufgeschlossen, vor allem zueinander, so ist ihr Verhältnis inzwischen getrübt. In ihrer Rigorosität beginnen die Parteien damit, ihre Auffassungen gegenseitig auszuschließen. Widerstände, Gegensätze, Durchsetzungs- und Beharrungswille prallen aufeinander. Jeder unternimmt alles Mögliche, um recht zu behalten und recht zu bekommen. Der eigene Sieg ist weitaus bedeutsamer als die eigentliche Sache.

Eine Fülle von Anlässen sind möglich, mit denen ein Konflikt beginnt. Oft sind diese nach objektiven Maßstäben völlig unbedeutend, ja richtige Lappalien, über die sich eigentlich niemand aufregen sollte. Da vergaß beispielsweise der eine den anderen zu grüßen. Dieser fühlt sich übergangen und übersehen, für sein Ego ist es völlig inakzeptabel, daß man ihn nicht beachtet hat. Aber steckte hinter der Grußlosigkeit wirklich böse Absicht? Ist der eine morgens in der Tat mit der Intention ins Büro gekommen, dem Kollegen eins auszuwischen und ihn mit aller Macht zu provozieren. Meist läuft so etwas völlig unbewußt ab. Es reicht völlig aus, daß man sich mitunter nicht besonders blendend fühlt und deshalb ein wenig zurückhaltender agiert als gewohnt.

Auch das Rauchen am Arbeitsplatz ist ein beliebter Konfliktauslöser, der zusehends an Bedeutung gewinnt. Das gleiche gilt für private Telefongespräche, die die Kollegin bzw. der Kollege in ihrer Häufigkeit nicht goutieren kann oder möchte. Möglich ist auch, daß ein Vorgesetzter Entscheidungen trifft, ohne seine Mitarbeiter zuvor rechtzeitig informiert zu haben. Beispiele für Konfliktauslöser, die auf der ersten Eskalationsstufe stattfinden, gibt es zuhauf. Jeder der darüber nachdenkt, wird erkennen, daß er bereits dutzende solcher Situationen erlebt hat.

Nicht alle führten zwangsläufig zu Konflikten. Doch jedes Mal waren gewisse Dissonanzen und ungute Gefühle deutlich zu spüren. Geht man normalerweise recht unbefangen miteinander um, zumal wenn man schon seit Jahren nebeneinander oder gemeinsam arbeitet, so mischt sich ein gewisses Unbehagen mit ein. Doch nicht selten endet der Konflikt auf jener ersten Eskalationsstufe. Der Grund ist, daß die Beteiligten vernünftig und sich darüber bewußt sind, daß diese Beziehungsstörung nicht von Dauer sein darf und sein kann. Wirkungsvoll bewältigen läßt der kleine Konflikt sich, indem die Kontrahenten – die zu diesem Zeitpunkt eigentlich noch gar keine sind – miteinander reden und ihre Argumente sorgfältig abwägen.

2. Eskalationsstufe: Ja, aber ...

Traurig aber wahr, kleiner Anlaß, große Wirkung, der Konflikt konnte nicht beigelegt werden. Er hat die zweite Eskalationsstufe erreicht. Auf dieser nimmt die Konfrontation der Konfliktparteien zu. Eigentlich ohne daß beide wissen, weshalb es soweit gekommen ist. Sei's drum, die Verhaltensweisen haben sich geändert. Nun prägen Konkurrenz, Überheblichkeit und Arroganz das Auftreten der Konkurrenten. Jeder für sich ist der Überzeugung, den besseren Standpunkt und die einleuchtenderen Argumente zu haben. Zusätzlich glauben beide felsenfest, daß sie ihre Überzeugungen auch noch nach außen besser vertreten können. Ich bin der beste, der größte, ich habe sowieso recht. Diese Äußerungen sind zwar nicht wortwörtlich zu hören. Aber bei allem, was die Kontrahenten sagen, sind sie zwischen den Zeilen zu bemerken. Und in allem, was sie tun, manifestieren sie sich sowieso. Verfestigung und Verhärtung nehmen allmählich zu.

Inzwischen ist keiner der beiden mehr von seinem Standpunkt abzubringen. Kompromißbereitschaft und Einlenken setzt man mit Schwäche gleich. Und aus Schwäche resultieren nach einem landläufigen Vor-Urteil Nachteile. Solche Nachteile können, so befürchtet jeder der Konfliktbeteiligten, die eigene Macht und das eigene Ansehen schmälern. Ein Karriereknick wäre angeblich programmiert. Und was sollen die übrigen Kollegen denken, die bislang noch nicht im Konflikt involviert sind. Bisher war das eigene Ansehen bei denen doch hervorragend. Und wenn man jetzt klein beigibt, hat man automatisch an Macht und Einfluß verloren. Solche und viele andere Irrtümer lassen einen Konflikt eskalieren.

Das Sowohl-Als-auch, das eine gewisse Kompromißbereitschaft dokumentieren könnte, hat für beide Parteien keine Bedeutung mehr. Im Gegenteil, jetzt befinden sie sich im Entweder-Oder-Dilemma. Wer nicht für mich ist, der ist gegen mich und deshalb für die daraus resultierenden Konsequenzen selbst verantwortlich. Das gegenseitige Mißtrauen wächst, weil jeder seine Position vorteilhafter gestaltet, um dadurch Überlegenheit zu gewinnen. Immer häufiger wird mit miesen Tricks gekämpft, die darauf zielen, die Person des anderen zu diskreditieren. Um die Sache geht es schon längst nicht mehr.

Trotz dieser vergleichsweise gravierenden Verhaltensmuster auf der zweiten Eskalationsstufe steht das gegenseitige Beherrschen-Wollen noch nicht im Mittelpunkt des Agierens der Konfliktparteien. *Dominieren durch Imponieren* lautet das Motto. Diese Verhaltensweise hat zudem den angeblich positiven Nebenaspekt, daß auch andere in den Bann mit hineingezogen werden. Das Verhalten zielt darauf ab, daß Nicht-Involvierte Flagge zeigen sollen und sich auf die eine oder die andere Seite schlagen.

Die Konfliktgespräche, die die Kontrahenten miteinander führen, haben den Charakter einer Debatte. Es wird taktiert, ob bewußt oder unbewußt, das ist völlig unerheblich. Rhetorische Mittel und logische Operationen dienen einzig und allein dazu, die Gegenseite intellektuell unter Druck zu setzen. Ein verstandesorientiertes Machtgeplänkel und Ränkespiel läuft da ab.

Die Art und Weise, wie diese Mittel und Methoden eingesetzt werden, geschieht in einem überheblichen, zurechtweisenden, belehrenden und direktiven Ton. Provoziert wird die Polarisation. Eine Binsenweisheit und schon oft zitiert, aber für diese Eskalationsstufe eines Konflikts symptomatisch: Der Ton macht die Musik. Und von beiden Seiten sind fast nur noch schräge Töne zu hören, die nicht nur im Kopf, sondern auch in der Seele schmerzen.

Wir erinnern uns: Auf Stufe eins sind die Parteien in jedem Fall bestrebt, die Regeln der Fairness zu wahren. Nach aller Erfahrung ist ihnen an Polarisation nicht gelegen. Auch auf Stufe zwei wollen die Konfliktparteien ihre bislang funktionierende Beziehung beibehalten. Die Auseinandersetzung, in der sie sich mittlerweile befinden, soll das gewohnte Miteinander nicht gefährden. Doch im Vergleich zur Eskalationsstufe eins haben sich die Mittel und Techniken, die die Konfliktparteien anwenden, drastig geändert. Ein innerer Widerspruch. Zum einen nämlich sind die Kontrahenten immer noch gewillt, ihren Konflikt ein für alle Mal aus der Welt zu schaffen. Zum anderen aber stehen ihre Verhaltensweisen dieser Intention diametral entgegen. Sie tun alles dafür, daß der Konflikt weiter eskaliert, obwohl sie dies eigentlich gar nicht möchten. Immer noch besteht zu diesem Zeitpunkt eine reelle Chance, die Eskalationsspirale zurückzudrehen und den Konflikt ohne externe Hilfe beizulegen. Doch nur den wenigsten Kontrahenten gelingt es, in dieser Phase einen Schlußstrich zu ziehen. Der Konflikt gewinnt deshalb an Dynamik.

3. Eskalationsstufe: Das Patt

Der Konflikt bekommt nun eine ganz neue Qualität. Glücklicherweise war das Wort in den Stufen eins und zwei das wichtigste Mittel der Auseinandersetzung. Man redete miteinander, gleichwohl wurden die Gebote der Fairness nicht immer beachtet. In Eskalationsstufe drei kommen die Konfliktparteien jetzt zu dem Ergebnis, daß Diskussionen völlig sinnlos sind. Was bringt es überhaupt noch, mit dem anderen zu reden? Der versteht ja doch nichts!!! Da Gespräche zu keinem Ergebnis mehr führen, so die identische Meinung der Kontrahenten, geht man nun zu Taten über. Projektion ist angesagt, da jede

Konfliktpartei genau das von der Gegenseite erwartet, wozu man selbst nicht bereit ist. Da dieses Nachgeben vermeintlich identisch ist mit Schwäche, kommt es für beide nicht in Frage. Die jeweiligen Positionen verhärten sich weiter. Man selbst zeigt sich stark und selbstsicher, unangreifbar und in gewisser Weise auch unnahbar. Soll der andere doch, ich werde den Teufel tun, einen ersten Schritt zu machen. Doch man erwartet genau das von der Gegenseite: Sie soll ihren Widerstand als erste aufgeben, sich konziliant zeigen und einlenken. Und es versteht sich von selbst, daß der Kontrahent dazu verpflichtet ist, sich der eigenen Auffassung schnellstmöglich anzuschließen. Denn genau die ist doch die richtige.

Jede Partei verfolgt das Ziel, den Gegner bei seiner Zielerreichung zu bremsen und die eigenen Absichten durchzusetzen. Da aber jeder von beiden das gleiche Ziel, den Sieg, verfolgt, fühlen sich die Kontrahenten durch den jeweils anderen blockiert. Der will nur Steine in den Weg werfen und den Gegenspieler am Erfolg hindern. Zwangsläufig verschwindet das Interesse für die Gedanken und die Intentionen des anderen. Verständnis, Respekt und Akzeptanz sind zu diesem Zeitpunkt sowieso nicht mehr zu erwarten. Vorurteile, Klischees, Spekulationen, Fehlinterpretationen und Fehleinschätzungen machen sich breit. Bewußtes Mißverstehen ist an der Tagesordnung. Weil Worte allein nichts bewirken, müssen jetzt Taten folgen. Zwangsläufig erhält die nonverbale Kommunikation größeres Gewicht. Verbale Äußerungen werden angezweifelt, non-verbalen Signalen glaubt man eher. Die Nerven der Kontrahenten sind stark strapaziert und angespannt. Überempfindlichkeit macht sich breit. Reizbarkeit und ungezielte emotionale Ausbrüche beherrschen das Klima auf dieser Stufe.

Die Konfliktparteien manövrieren sich in eine Pattstellung. Es gibt kein Vor und kein Zurück. Auf beiden Seiten ist die Angst, mißverstanden und ausgenutzt zu werden, riesengroß. Niemand möchte die eigene Position und die eigene Reputation aufs Spiel setzen. Zusehends sind die Kontrahenten nicht mehr fähig, den Konflikt selbst zu steuern und zu kontrollieren. Dies zeigt sich vor allem daran, daß jede Seite die Folgen ihres eigenen Handelns nicht mehr in der eigenen Verantwortung angesiedelt sieht. Der jeweils andere trägt dafür die Schuld, daß die Auseinandersetzungen soweit eskalieren konnten. Doch ein Funken Vernunft ist immer noch vorhanden. Auch wenn die Konfliktparteien es nicht offen zugeben, ihnen ist weiterhin sehr wohl bewußt, daß sich die Auseinandersetzung am besten dadurch beilegen läßt, daß man die Gegenseite einbezieht und gemeinsam nach Lösungsmöglichkeiten sucht. Aber ist das freiwillige Aufeinanderzugehen auf dieser Eskalationsstufe überhaupt noch möglich? Mitunter gelingt es, doch in den meisten Fällen kommt es nicht dazu. Der Konflikt gewinnt deshalb weiter an Schärfe.

4. Eskalationsstufe: Schwarzweiß-Malerei

Während dieser Konfliktphase will jede Partei ihre eigene Existenz sichern und sich nicht vom Gegner besiegen lassen. Die Devise lautet folgerichtig: *Ich will gewinnen, du sollst verlieren!* Diese Ziele verfolgt jeder für sich mit allen erdenkbaren Mitteln, den legalen, illegalen, den legitimen und illegitimen. Entsprechend feindselig und fanatisch verhalten sich die Konfliktparteien. Das Denken der jeweiligen Kontrahenten ist dual. Es gibt lediglich schwarz oder weiß, allein Wahrheit oder Lüge, man ist ausschließlich dafür oder dagegen. Denken in Zwischentönen und Schattierungen ist längst nicht mehr existent. Jeder hat längst ein pauschalisierendes Bild von der Gegenseite entworfen. Fest steht, daß der andere eine bestimmte Meinung hat, sich immer gleich verhält und deshalb kritisierbar bis verabscheuungswürdig wird. Man selbst ist – naheliegend – völlig anders und vereinigt sämtliche positiven Attitüden in und auf sich. Man ist klüger und anständiger als der andere. Selbstverständlich gewandter und erfahrener. Zumal man in der Tat realistisch und sachbezogen argumentiert, während der Kontrahent irgendwo da oben im Wolkenkuckucksheim herumflottiert. Ein jeder erhebt sich über den anderen. Er glorifiziert sein Selbstbild, während das Bild der Gegenpartei zugleich erheblich abgewertet wird. Man muß nicht unbedingt ein Stratege und ausgefuchster Rhetoriker sein, um zu wissen, daß die mehr oder minder aggressive Abwertung der Gegenpartei in einem Aufwasch die eigene Aufwertung bedeutet. Zugleich rechtfertigt man dadurch das eigene aggressive und destruktive Verhalten.

Naturgemäß strahlt dieses Agieren auch auf das soziale Umfeld aus, auf Mitmenschen und Kollegen, die im eigentlichen Sinne nicht in den Konflikt involviert sind. Dieses Resultat des eigenen Verhaltens ist auf Seiten der Konfliktparteien sehr wohl kalkuliert. Denn noch immer versucht jeder der beiden Kontrahenten, auch andere auf seine Seite zu ziehen. Und eine solche Intention ist immer dann sehr erfolgversprechend, wenn der andere in seinem Tun und Denken, aber auch in seiner ganzen Person herabgewürdigt wird. Hier das strahlende Selbstbild, dort das schmutzige Feindbild. Hier der „Übermensch", dort der „Untermensch", um einen Begriff aus der leidvollen deutschen Vergangenheit zu verwenden.

Auf der vierten Eskalationsstufe konzentriert sich das negative Feindbild, das vom jeweiligen Kontrahenten entworfen wird, fast ausschließlich auf die Fähigkeiten, Kapazitäten und Stärken. Moralische Qualitäten kommen in dieser Konfliktphase nicht ins Spiel. Allerdings dürfte es nur eine Frage der Zeit sein, bis es auch um diese geht. Um es zu wiederholen: Das Selbstbild des „Supermanns", das jeder für die eigene Person gebastelt hat, muß auch nach außen hin gültig sein. Gut erkennbar und vergleichsweise überzeugend. Für jede der beiden Konfliktparteien ist es von eminenter Bedeutung, daß der vermeintlich „gute Ruf" gewahrt bleibt. Deshalb wird bei jeder Gelegenheit Stimmung gegen den anderen gemacht. Äußerungen wie „Menschen dieser Art sind kaum zu verändern! Sie sind nicht lernfähig!" dokumentieren jene Einstellung, fallen

BILANZ
CHEF !

andauernd, stellen sich aber immer noch als vergleichsweise harmlos heraus. Dennoch sind sie ein erster Schritt, auch die moralische Integrität der jeweiligen Gegenseite anzuzweifeln. Derartige Sätze bescheinigen dem Kontrahenten, daß er nicht entwicklungsfähig ist. Hat es überhaupt keinen Zweck, sich mit einem solchem Menschen auseinanderzusetzen? Wohl kaum. Daß es soweit gekommen ist, hat er allein zu verantworten. Ich selbst habe bekanntlich alles unternommen, damit wir uns einigen können.

Ganz gleich, was die Kontrahenten auch unternehmen, alles dient dazu, das eigene positive und *glorifizierte Selbstbild* weiter auszubauen, während das Feindbild zugleich gestärkt und die andere Person stetig beschmutzt wird. Kein Wunder, daß sich die Konfliktparteien in dieser Phase äußerst schwertun, wenn der Mediator sie darum bittet, positive Eigenschaften der Gegenpartei zu nennen. Selbstverständlich ist es in Wirklichkeit nicht so, daß die Konfliktparteien solche positiven Eigenschaften nicht kennen. Entweder haben sie diese im Laufe der Konflikteskalation einfach verdrängt. Oder sie sind keinesfalls bereit, auch nur im geringsten zuzugestehen, daß nicht alles schlecht ist, was mit der Gegenseite zu tun hat. Wie dem auch sei: Es ist sehr schwierig und mühevoll, den Gegnern positive Äußerungen über einander zu entlocken.

Bei seiner Konfliktbehandlung konzentriert sich der Mediator auf intervenierendes Agieren. Das hat die Aufgabe, vorsichtig den Unglauben der Konfliktbeteiligten in Glauben umzuwandeln. Auf dieser vierten Eskalationsstufe ist eine doppelte Bindung („doublebind“) der Konfliktparteien aneinander evident. Sie bekämpfen sich gegenseitig, im übertragenen Sinne, bis auf's Messer, und sie irritieren sich dadurch. Zugleich aber benötigen sie ganz dringend einander, um ihre gegenseitigen Aversionen und Aggressionen ausleben und abreagieren zu können. Gezielt starten die Konfliktparteien gleichsam Imagekampagnen für sich bei ihren Mitmenschen und Kollegen, um ihr Selbstbild von außen bestätigt zu bekommen. Sie werben um Sympathisanten und Mitstreiter mit der Absicht, im Konflikt noch stärker, einflußreicher und durchsetzungsfähiger zu werden.

Diese *Werbung um Koalitionen* ist typisch für diese Stufe der Eskalation. Es tritt eine fast symbiotische Beziehung ein – zumindest versuchen die Konfliktparteien, eine solche Beziehung zu initiieren –, die sich beispielsweise in den folgenden Äußerungen zeigt: „Zusammen sind wir stark! Gemeinsam sind wir allen Widersachern und allen Widerständen gewachsen! Wir ziehen alle am gleichen Strang und sitzen alle im gleichen Boot!" Im Grunde hängt es von den rhetorischen Fähigkeiten der Konfliktparteien ab, inwieweit es ihnen gelingt, eine möglichst große Anzahl von Sympathisanten um sich zu scharen.

Doch dieses Werben um Sympathien und Mitstreiter wirkt eigentlich äußerst kontraproduktiv, was kaum jemand in seinem Bestreben, neue und zusätzliche Loyalitäten aufzubauen, bemerkt. Denn im Grunde verfolgen die Konfliktparteien im Rahmen ihrer Auseinandersetzung auch das Ziel, ihre Autonomie zu behalten oder zu stärken. Doch in dem Bemühen, Mitstreiter zu finden, rückt genau dieses Ziel in weite Ferne. Die so sehr gewollte Autonomie, die nicht selten mit Hilfe von Wut und anderen Aggressions-Emotionen angestrebt wird, könnte dadurch mit der Zeit untergraben werden. Man wird immer weniger selbstständig und frei in seinem Handeln und Denken, da die Abhängigkeit von Sympathien und Sympathisanten wächst. Somit treten die anfänglichen Sachfragen in den Hintergrund. Der Konflikt verläßt allmählich die Objektebene, er wird personalisiert und personifiziert. Die Konfliktparteien selbst und ihre persönliche Beziehung zueinander rücken verstärkt in den Vordergrund. Die Beeinflussungsmethoden, die die Kontrahenten wählen, um schließlich doch noch zu obsiegen, konzentrieren sich primär auf die beteiligten Akteure.

Eine durchaus übliche Entwicklung. Wenn man in Sachfragen zu schwach ist, rücken personenorientierte (Schein-)Argumente automatisch in den Vordergrund. Wie das funktioniert, läßt sich am besten bei Wahlkampf-Auseinandersetzungen nach US-amerikanischem Muster nachvollziehen. In der heißen Phase der US-Präsidentschaftswahl zwischen George Bush und Bill Clinton ging es seinerzeit längst nicht mehr um Inhalte. Die beiden Matadore waren jeweils Programm. In der Mediengesellschaft interessierte es die Wähler kaum noch, für was und für welche Politik der Republikaner und der Demokrat denn standen. Im Grunde wurden nur noch Personen gewählt und keine politischen Inhalte mehr. Diese Form der politischen Auseinandersetzung gewinnt auch in Deutschland allmählich an Bedeutung.

5. Eskalationsstufe: Maske runter

In dieser Konfliktphase wird das Feindbild personal besetzt. Gegenseitig versuchen die Parteien, sich öffentlich zu diskriminieren, diskreditieren und diffamieren. Es geht darum, den anderen zu entlarven und ihn bloßzustellen. Längst kommt es nicht mehr darauf an, in der Sache recht zu behalten sowie mit den – auf der Objektebene – besseren Argumenten zu siegen. Der jeweils andere soll sein Gesicht verlieren und völlig niedergemacht werden. Egal mit welchen Mitteln, völlig kompromißlos. Der angestrebte „*Gesichtsverlust*" ist ein dramatisches Ereignis. Er wäre das völlig menschenverachtende Ergebnis eines Konflikts. Denn die Identität würde dadurch vernichtet, ein für allemal wäre er aus dem Rennen. Da kann er sagen und tun, was er will, hervorragende Argumente haben, überzeugend und qualifiziert sein. Der Kontrahent, der sein Gesicht verliert, ist auf ewig ganz unten. Da bleibt ihm nur noch – im übertragenen Sinne – sich einen Strick zu nehmen. Was nichts anders bedeutet als das Karriereende im Unternehmen. Sich nach einem anderen Arbeitsplatz umzuschauen, wäre dringend erforderlich. Jemandem die „Maske vom Gesicht reißen" heißt nichts anderes, als der Person die Würde zu nehmen. Das Gegenteil davon, sein Gesicht zu wahren, garantiert sozialen und moralischen Respekt.

Selbstbild und Fremdbild der Konfliktparteien haben sich mit deren Eintritt in die Stufe fünf grundlegend geändert. Inzwischen treffen Welten und Weltanschauungen aufeinander. Jeder sieht sich selbst als Inbegriff des Guten, als Kämpfer für hohe Moral, Recht und Ordnung. Der jeweils andere bildet das genaue Gegenteil davon. Er ist die Inkarnation des Bösen schlechthin, er verkörpert das Amoralische und Verwerfliche. Hier der Engel, dort der Dämon. Zwangsläufig gipfelt die gegenseitige Verteufelung in einer umfassenden *Ideologisierung des Konflikts*. Von den Religionskriegen wissen wir, daß das wahnhafte Ideal selbst eines Teufels als Gegner bedarf, um zu funktionieren und seine Berechtigung zu haben.

Mittlerweile ist zwischen den Kontrahenten ein totaler Vertrauensbruch entstanden. Die einstige kollegiale, wenn nicht gar freundschaftliche und loyale Beziehung hat es scheinbar nie gegeben. Verspielt sind die gegenseitige Glaubwürdigkeit und Kreditwürdigkeit. Niemand gibt dem anderen mehr einen Vertrauensvorschuß. Der Demaskierung des Kontrahenten folgt das Gefühl von Ekel und Abscheu dem anderen gegenüber. Man erleidet fast körperliche Schmerzen, wenn man ihn nur sieht. Allergische Reaktionen, Juckreize, Hautausschläge treten – selbstverständlich im übertragenen Sinne – bei solchen Gelegenheiten auf. „Ich mag ihn nicht mehr sehen! Sein Anblick ist unerträglich!“

Ausspeien, Beschmutzen und Besudeln sind Zeichen, daß der andere unrein und unwert ist. Vielleicht lebensunwert? Oder nur unwert, sich in der näheren Umgebung aufzuhalten. Erkennbar ist, daß der Konflikt auf dieser Eskalationstufe gravierende faschistoide Züge angenommen hat. Der Feind wird bis auf's Blut gereizt, damit er ausrastet, seine Macht mißbraucht und sich dadurch selbst demoralisiert. Solche Degradierungs- und Demütigungszeremonien ähneln fatal den mittelalterlichen Ritualen der Ächtung. Menschen, die in jenen dunklen Zeiten geächtet wurden, verloren ihre Rechtsfähigkeit. Sie konnten danach keine rechtsgültigen Handlungen mehr verrichten und standen, was innerhalb dieses verachtenswerten Systems nur logisch war, auch passiv nicht unter Rechtsschutz. In einer solchen Lage verliert man seine „Satisfaktionsfähigkeit“. Man hat per se unrecht, was sogar weniger ist als eine „*persona non grata*“. Der Geächtete existiert als Mensch gleichsam nicht mehr, er hat keine Rechte, er wird als Individuum nicht zur Kenntnis genommen, geschweige denn Argumente und Überzeugungen. Auf dieser Eskalationsstufe haben die Konfliktparteien den Glauben daran verloren, jemals ihre Differenzen lösen zu können. Doch das Ende der Fahnenstange ist damit längst noch nicht erreicht. Es geht noch um einige Ticks schärfer, wie sie gleich sehen werden.

6. Eskalationsstufe: Schwebende Ängste

In dieser Konfliktphase nehmen Gewaltdenken und -handeln der Kontrahenten wie Krebsgeschwüre zu. Die Konfliktparteien greifen zu extremen Drohstrategien. Sanktionen und Strafen werden wiederholt angekündigt, die Parteien haben sich kaum noch in der Gewalt. Zu unterscheiden sind in dieser Situation das „Drohverhalten“ und das „Bestrafungsverhalten“. Jede Seite versucht die jeweils andere zu bestrafen. Bei reinen Ankündigungen bleibt es nicht mehr, jetzt wird gehandelt. Dabei dienen die wechelseitigen Bestrafungsaktionen dazu, daß sich die Konfliktparteien abreagieren und ihrem Ärger Luft verschaffen können. Explosionsartige Emotionsäußerungen erweisen sich unter dem Strich immer noch besser als das Züchten von Magengeschwüren. Solche Bestrafungsrituale haben demnach eine Filter- und Reinigungsfunktion, fast im kathartischen Sinn wie im antiken Drama. Das „*Drohverhalten*“ jedoch zwingt die Gegenpartei zu einer ganz bestimmten Entscheidung. Was fast immer beabsichtigt ist, da Drohung nicht zuletzt eine mehr oder weniger massive Provokation beinhaltet. Wie Druck Gegendruck, Gewalt Gegengewalt erzeugt, so initiiert Drohung Gegendrohung. Sie läßt Mißtrauen und

Furcht wachsen. Dadurch wird den Kontrahenten die Kontrolle über die Konfliktsituation zunehmend erschwert. Mit der Eskalation des Konflikts wird es sogar nahezu unmöglich, eine verstandesorientierte Kontrolle der Lage zu realisieren.

Der Konflikt wird turbulent und chaotisch. Die Ereignisse können sich sprunghaft überschlagen. Auf Grund der gegenseitigen Drohung entstehen Druck, Spannung, Unsicherheit und vor allem Angst. Das Spielen mit den Gefühlen der Angst ist das Charakteristische auf dieser Eskalationsstufe. Beiden Kontrahenten ist sehr wohl klar, daß aus ihrem Verhalten Angst resultiert. Deshalb intensivieren sie ihre Drohgebärden und ihr Drohverhalten weiter, um bei der Gegenseite Angst zu erzeugen bzw. vorhandene Angstgefühle zu verstärken. Wer Angst hat, kann zunehmend weniger klar denken. Sein eigenes Reagieren und Agieren ist kaum noch rational gesteuert, sondern läuft vor allem auf der emotionalen Ebene ab. Deshalb wird irrational, panisch und überstürzt gehandelt – was oft gravierende Folgen nach sich zieht.

Angedrohte Sanktionen engen ein und nageln fest. Sie machen ohnmächtig und im wahrsten Wortsinn besinnungslos. Die Konfliktparteien sind in ihrem Tun und Denken immer weniger selbstbestimmt. Sie reagieren nur noch auf die Vorstöße der Gegenseite. Lauern wie das Kaninchen vor der Schlange auf die nächsten Überraschungen ihres Kontrahenten und befürchten schon frühzeitig die Folgen, die aus bestimmten Aktionen resultieren könnten. Dieses Gefühl der Ohnmacht hat selbstverständlich ebenfalls Auswirkungen auf das Verhalten der Kontrahenten außerhalb des eigentlichen Konflikts. Die Folgen von Druck und Gegendruck, Drohgebärden sowie Angst- und Panikmache strahlen fast immer auch in die übrigen sozialen Bereiche der Konfliktparteien hinein. Es kriselt in Familie und Beziehung, Freunde, Nachbarn und Bekannte leiden ebenso unter dem Konflikt. Es vergeht nur wenig Zeit, da drohen die Konfliktparteien ihre jeweilige soziale Anbindung zu verlieren. Zumindest wird diese ernsthaft aufs Spiel gesetzt, sofern die Kontrahenten ihre beruflichen Auseinandersetzungen mit nach Hause, in den Verein oder an den Stammtisch tragen.

Dennoch: Die Tatsache, daß fast ausschließlich Drohung und Gegendrohung das Verhältnis der Konfliktparteien zueinander prägen, braucht nicht ausschließlich negativ zu sein. Die Erfahrung besagt, daß die Kontrahenten durch ein derartiges Verhalten immer noch einen gewissen Handlungsspielraum zur Konfliktlösung signalisieren. Wenn auch einen sehr geringen. Weshalb das so ist? Drohungen sind keine Fakten, sondern lediglich Ankündigungen. Es handelt sich bei ihnen noch nicht um feststehende Tatsachen. Jeder, der droht, signalisiert damit, daß ihm an größerer oder an Gewalt überhaupt nicht gelegen ist. Würde er sonst drohen? Gewalttätige Menschen drohen nicht, sie schlagen sofort zu.

Aus der Psychologie bekannt ist zudem, daß eine Drohung Angst widerspiegelt. Derjenige, der sich aufplustert und eine angeblich eindrucksvolle Drohvorstellung gibt, hat Angst. Er befürchtet, daß die Gegenseite jene Drohung nicht ernst nimmt und er selbst deshalb Gewalt anwenden muß. Nicht ohne Grund kündigen Eltern ihren Kindern an, daß „es etwas setzt", wenn sie dies tun oder jenes nicht unterlassen. Gemeinhin ist mit einer solchen Drohung im Verhältnis Eltern-Kindern die ganze Sache erledigt. Wobei Ausnahmen selbstverständlich die Regel bestätigen. Deshalb betrachten auch Konfliktparteien eine Drohung als adäquates Instrument des Selbstschutzes. Man kündigt Sanktionen und Strafen an, in der Hoffnung, daß es niemals dazu kommen wird.

7. Eskalationsstufe: Ein Sieg, der keiner ist

Nun versuchen die Gegner sich gegenseitig in ihrer Existenz zu erschüttern. Eine Konfliktlösung ist zwar möglich, allerdings ohne jeglichen Kompromiß. Dies bedeutet: Die Auseinandersetzungen können nur beigelegt werden, wenn einer der beiden

Kontrahenten seine „Existenz“ aufgibt. Die endgültige „Vernichtung“ des jeweils anderen steht im Mittelpunkt des Denkens und Tuns der Konfliktparteien. Das gegenseitige Feindbild hat sich inzwischen erheblich geändert: Die Kontrahenten betrachten die Gegenseite längst nicht mehr als Vertreter humaner Werte und/oder Repräsentanten menschlicher Würde. Der Gegner ist einzig und allein ein lebloses und gefühlloses Objekt.

Nachdem der Konflikt soweit eskaliert ist, hat jeder Kontrahent ebenfalls sich selbst als Menschen aufgegeben. Und der andere wird sowieso nicht mehr als solcher betrachtet. Mehr noch, er kann ohne jeden moralischen Skrupel – wenn nötig – vernichtet werden. Und das sollte er auch. Die Wortwahl, der sich beide Konfliktparteien befleißigen, ist inzwischen eindeutig faschistoid und in ihrer Drastigkeit kaum noch zu überbieten.

Von „Endlösung“ ist die Rede, genauso vom „Schlußmachen“ mit dem Feind. Der Kontrahent soll „ausgetilgt“ und „ausgerottet“ werden, ähnlich wie Ungeziefer. Da mutet das Ziel, ihn „unschädlich“ zu machen, in seiner Fomulierung vergleichsweise harmlos an.

Gleichwohl sind die Vernichtungsschläge trotz der faschistoiden Rhetorik immer noch begrenzt. Sie sollen den anderen zunächst nur entmachten, ihn endgültig seines Einflusses berauben. Doch jede Aktion des einen ruft unweigerlich eine Gegenreaktion des anderen hervor. Jeder Vernichtungsschlag führt zur Vergeltung. Und aus der resultiert zwangsläufig eine Widervergeltung. Die Gewalt- und Haßspirale dreht sich immer schneller.

Verlust und Niederlage der anderen Partei werden als eigener Gewinn und als eigenes Obsiegen gewertet. Jeder hat den Bezug zur Realität jedoch verloren. Denn mehr als Pyrrhussiege kommen bei derartigen „Gefechten“ nicht heraus. Gewalt wird um ihrer selbst willen angewendet. Dem anderen Schaden zufügen, befriedigt die *eigene Lust an Zerstörung* und Entmachtung. Die Grundeinstellung der Konfliktparteien ist durch ein *lose-lose* gekennzeichnet. Es kommt einzig und allein darauf an, den Gegner zu überleben. Koste es, was es wolle. Mittlerweile dürfte den Konfliktbeteiligten bewußt sein, daß es nichts mehr zu gewinnen gibt. Und was sagt ihnen dieses Bewußtsein? Im Grunde vermittelt es lediglich den unabänderlichen Status quo. Eine gemeinsame Konfliktlösung, bei der die Kontrahenten an einem Strang ziehen, ist utopisch. Ein glorreicher Sieg oder endgültiger Untergang, das sind die beiden Pole, die aus dem Verhalten der Kontrahenten resultieren. Man „stirbt" auf dem Schlachtfeld der Ehre, oder man trägt einen endgültigen Sieg davon. Dazwischen gibt es nichts, worüber nachzudenken lohnen würde. Keine Grauzone, kein Abweichen vom einmal eingeschlagenen Weg. Unmenschlich, aber wahr!

8. Eskalationsstufe: Hauptsache kaputt

Nun geht es den Konfliktparteien darum, die Macht- und Existenzgrundlage des Gegners total zu vernichten. Er soll gleichsam „zersplittert" werden. Dies ist ein „chirurgischer Angriff" auf das zentrale Nervensystem des Feindes. Die Auseinandersetzung ist kriegerisch. Wenn sich die Kontrahenten begegnen, dann entsteht im Handumdrehen ein Schlachtfeld. Personen an der Front werden vom Hinterland abgeschnitten und verbluten. Nicht nur in militärischen, sondern auch in sozialen Auseinandersetzungen ist diese Form der Zersplitterung evident.

Beispiel: In einem Unternehmen streiken die Arbeitnehmer. Die Firmenleitung greift zu einem anrüchigen Mittel, im Konflikt zu siegen. Sie versucht, die Verhandlungsführer und Gewerkschaftsvertreter von ihren Mitgliedern zu trennen – mit dem Ziel, ihnen die Basis zu entziehen und deren Verhandlungsposition dadurch nachhaltig zu schwächen. Skandalgeschichten werden lanciert. Darin geht es um Gewerkschaftsvertreter, die angeblich bestechlich sind und auf ihren persönlichen Vorteil bedacht dargestellt werden. Schmutzige Wäsche wird unentwegt gewaschen. Wieder einmal geht es längst nicht mehr um die Sache an sich, sondern um die Verletzung, ja die Vernichtung von Persönlichkeiten. Dem einen wird Korruption vorgeworfen, dem anderen möglicherweise der regelmäßige Besuch im Bordell.

Doch die Gewerkschaften halten dagegen. Solche Spielchen sind auch ihnen wohlbekannt. Deshalb versuchen sie, einen Keil zwischen der Unternehmungsführung auf der einen sowie dem Aufsichtsrat – falls vorhanden – und den Aktionären auf der anderen Seite zu treiben.

Beide Konfliktparteien erreichen zunächst ihr Ziel. Die Firmenleitung schafft es, die Arbeitnehmerrepräsentanten und ihre Basis auseinander zu dividieren. Was per saldo zu einer eindeutigen Schwächung der Verhandlungsposition führt. Aber auch auf der Arbeitgeberseite zeitigen die Aktionen der anderen Konfliktpartei Wirkung. Im Gegensatz zu früher stehen Aufsichtsrat und wichtige Mehrheitsaktionäre nicht mehr uneingeschränkt hinter dem Vorstand. Möglicherweise sind dubiose Geschäfte der Unternehmensführung in der Vergangenheit die Ursache dafür. Dort eine Indiskretion, hier eine Andeutung hinter vorgehaltener Hand, und schon köchelt der Zwietracht-Brei vor sich hin.

Unter dem Strich haben es die Konfliktgegner geschafft, nicht nur die andere Partei, sondern auch sich selbst nachhaltig zu schwächen. Die Aktionen gehen sogar soweit, daß das eigene Überleben in Gefahr gerät. Deshalb ist der Konflikt nicht nur ein Sinnen und Trachten danach, die jeweilige Gegenseite zu vernichten. Ein Sieg wäre zudem nichts anderes als die Sicherstellung des eigenen Überlebens. In dem Bewußtsein, daß die Schädigung des Kontrahenten zwangsläufig Schäden für sich selbst nach sich zieht, schrecken die Konfliktparteien immer noch davor zurück, sich der totalen Gewaltanwendung vollends und zügellos hinzugeben. Diese Hemmungen resultieren selbstverständlich nicht aus der Einsicht, daß man dem Gegner nichts Unmenschliches antun dürfe, sondern allein aus dem Egoismus heraus, die eigene Existenz zu schützen.

9. Eskalationsstufe: Der Super-Gau

In dieser letzten Phase eines Konflikts heißt die Devise: Vorwärts um jeden Preis. Das gilt für alle Konfliktbeteiligten. Die Brücken, die einstmals zwischen ihnen bestanden haben, sind ohne Chance auf Wiederherrichtung eingestürzt. Alle Knöpfe der Vernichtungsmaschine werden in totaler Hektik gleichzeitig gedrückt. Den Konfliktparteien bleibt nur noch die Genugtuung, daß sie im eigenen Untergang ebenfalls den Feind mit in den Abgrund reißen, so daß auch er zu grunde geht. Keine Seite kann mehr gewinnen, beide werden zwangsläufig vernichtet. Der Super-Gau ist programmiert. Aus sich selbst heraus dürfte es keine Lösung mehr geben. Endgültig!

VI. Kapitel
Die Strategien des Wirtschafts-Mediators

Um Konflikte wirkungsvoll zu behandeln, muß der Mediator in der Lage sein, unterschiedliche Rollenstrategien anzuwenden. Im wesentlichen ist zwischen vier Strategiemodellen zu differenzieren, die abhängig von der jeweiligen Eskalationsstufe eingesetzt werden, weil sie dann am effizientesten wirken können.

1. Verbinden

Diese Rollenstrategie wendet der Mediator ausschließlich auf den Eskalationsstufen eins bis drei an. In jenen Konfliktphasen vertrauen die Kontrahenten glücklicherweise noch auf ihre Selbstheilungskräfte. Hier kann sich der Mediator weitgehend zurückhalten. Somit beschränkt sich seine Aufgabe, die ihm als externe „dritte Partei“ zufällt, darauf, moderierend auf Interaktionsprozesse und inhaltliche Differenzen einzuwirken, um diese eventuell zu korrigieren. Konflikte auf jenen drei Eskalationsstufen können die Kontrahenten vergleichsweise problemlos sowohl rational als auch verbal lösen. Eine aktive Beteiligung an der Beilegung der Auseinandersetzung bereitet in aller Regel keine Schwierigkeit. Und wenn ja, dann sind diese nicht unüberbrückbar.

Die Motivation auf seiten der Konfliktparteien, eine Lösung zu finden, ist glücklicherweise sehr hoch. Alle Seiten akzeptieren die Notwendigkeit, möglichst ruhig, schnell und frei von emotionalen Hindernissen zu einer Lösung zu gelangen. Auf diesen

Eskalationsstufen beschränkt sich der Mediator auf seine Rolle, zwischen den Konfliktparteien eine Verbindung aufzubauen. Er ist die neutrale und verbindende Instanz, die nur hin und wieder bei Bedarf eingreift. Meist auf Veranlassung und Bitten der Konfliktparteien hin. Der Mediator besitzt jedoch keinerlei Macht, bestimmte Verfahren zu erzwingen. Er vermeidet die psychische und physische Trennung der Konfliktbeteiligten. Zudem achtet er darauf, daß sich die Kontrahenten nicht zu sehr auf seine Person konzentrieren. In der Hauptsache sollen sie sich mit der jeweiligen Gegenseite und deren Einstellungen sowie mit sich selbst beschäftigen, um aus dieser Kommunikationsbeziehung heraus zur Konfliktlösung zu finden. Der Mediator ist dem Arbeitsmotto *Hilfe zur Selbsthilfe* verpflichtet. Seine Interventionen, die er sparsam und behutsam einsetzt, zeitigen sofortige Wirkungen.

2. Beraten

Diese Rollenstrategie bezieht sich auf die Eskalationsstufen drei bis fünf. In diesen Konfliktphasen stehen die gegenseitigen Beziehungen der Kontrahenten und ihre Grundeinstellungen zum Konflikt im Vordergrund. Die Bearbeitung dieser Schwerpunkte verlangt vom Mediator als Berater die größte Aufmerksamkeit. Auf der dritten Eskalationsstufe ist bei den Konfliktbeteiligten glücklicherweise noch ausreichend Motivation vorhanden, sich für eine aktive Beilegung der Auseinandersetzung stark zu machen. Doch der Übergang zur nächsten Phase ist fließend, womit die Gefahr der Verschärfung des Konflikts zunimmt. Ab der vierten, vor allem aber der fünften Eskalationsstufe nehmen die Barrieren und Widerstände auf Seiten der Parteien gegenüber einer Konfliktbehandlung spürbar zu.

Die Kontrahenten spüren die zunehmende Ablehnung ihres jeweiligen Gegenübers. Sie selbst verhalten sich aber entsprechend, ohne daß ihnen dies deutlich bewußt wird. Der Mediator greift unterstützend ein und stimuliert zugleich die Konfliktbeteiligten, ihre psychologischen Sperren zu überwinden oder völlig abzubauen. Durch aktives, konstruktives und integrierendes Verhalten befähigt er die Kontrahenten dazu, Verantwortung zu übernehmen, damit sie ihren Konflikt selbständig lösen können. Der externe Vermittler sieht demnach seine Aufgabe darin, die Beteiligten in die Lage des autonomen Agierens zu versetzen. Die Fähigkeiten, die vor Konfliktbeginn vorhanden waren und die inzwischen weitgehend verschüttet sind, sollen neu evoziert werden und den Konfliktbeteiligten neu bewußt werden.

Der Mediator betont, daß ein Konflikt nicht *per se* etwas Negatives ist. Im Gegenteil, Auseinandersetzungen können sehr wohl auf die beteiligten Parteien befreiend wirken. Vorausgesetzt, sie bringen den Mut auf, sich ihnen zu stellen und sie aktiv und konsequent anzugehen. Der Vermittler appelliert an das Verantwortungsbewußtsein der Kontrahenten. Diese Verantwortung setzt Einsicht voraus. Und zugleich fördert sie die Motivation, sachlich-rational mit einem Konflikt umzugehen und ihn zu einer effizienten Lösung zu führen.

Auf den Eskalationsstufen drei bis fünf fällt es den Konfliktparteien deutlich schwer – entweder wollen sie es nicht oder sie sind nicht dazu fähig –, die Gegenseite in ihrer subjektiven Erlebniswelt zu respektieren. Von einer Akzeptanz der Einstellungen des Kontrahenten ganz zu schweigen. Deshalb ist es bedeutsam, daß der Mediator eine Vorbildfunktion einnimmt. Der Mediator als Berater dient den Konfliktparteien als Lehr- und Lerninstanz bzw -symbol. Fast spielerisch gelingt es den Kontrahenten, das empathische und respektvolle Verhalten des Mediators ins eigene Verhaltensrepertoire zu übernehmen. Entsprechend lassen sich die Weichen für einen menschlichen Umgang mit der anderen Seite stellen. Es ist keine Frage: Ohne Empathie und Respekt geht nichts. Sie sind neben vielen anderen die grundlegenden Voraussetzungen für den weiteren Verlauf der Konfliktlösung. Der Mediator muß sich dessen immer bewußt sein. Je glaubhafter und überzeugender er es schafft, dieses empathische und respektvolle Verständnis den Kontrahenten gegenüber zum Ausdruck zu bringen, desto eher sind die Parteien von der Richtigkeit eines solchen Verhaltens überzeugt. Fazit: Auch ihnen gelingt es zunehmend, sich in die Erlebniswelt ihres Kontrahenten zu versetzen und die Konflikt-Welt des anderen zu respektieren.

3. Begleiten

Inzwischen ist der Konflikt bereits sehr weit fortgeschritten. Wir befinden uns auf den Eskalationsstufen vier bis sechs. Die umfassende und ganzheitliche Begleitung durch den Mediator erfordert eine intensive und persönliche Arbeit mit den Konfliktbeteiligten als Personen und Persönlichkeiten. Wir erinnern uns: Ab Eskalationsstufe fünf findet eine existenzielle Erschütterung des Selbstwertgefühls der Personen statt. Deshalb ist es wichtig, daß der Mediator ein tiefes Vertrauensverhältnis zwischen sich und den jeweiligen Kontrahenten aufbaut und mit der Zeit festigt. Das ist ein langer Prozeß.

Selbstverständlich besteht fortlaufend die Gefahr, daß das Vertrauensverhältnis belastet wird. Die Kontrahenten sind nämlich sehr empfindsam, verhalten sich fast durchweg äußerst mimosenhaft. Es führt jedoch kein Weg daran vorbei, daß der Aufbau und die Festigung eines Vertrauensverhältnisses die einzigen Möglichkeiten sind, die Akzeptanz der Konfliktparteien zu erhalten. Vorausgesetzt, dieses Vertrauensverhältnis hat zwischenzeitlich eine Stabilität und Tragfestigkeit gewonnen, befürchten die Parteien, daß es nach einem möglichen Abbruch oder einer Eintrübung keinerlei Alternativen mehr zur Konfliktlösung geben wird. Nicht zuletzt deshalb sind sie bereit, mit Hilfe des Begleiters einen Versuch zu wagen, die Auseinandersetzung beizulegen.

Das auf den Mediator als Prozeßbegleiter bezogene Vertrauensklima ist für die Konfliktparteien nichts anderes als ein Schutz vor weiteren (vor allem emotionalen) Verletzungen und Verwundungen. Vertrauen wirkt wie ein psychologischer Schutzmantel, der die Unversehrtheit der Seele weitgehend sichert. Im Grunde kommt es für den Begleiter darauf an, daß er die passenden Methoden einsetzt, um die Mißtrauensblockaden auf seiten der Konfliktparteien aufzubrechen. Besonders sind solche Methoden geeignet, die den Konfliktparteien helfen, ihrer eigenen Angst mit Humor zu begegnen: „Ach ja, da bist du ja wieder, meine liebe Angst."

Allerdings lauert in dieser Vorgehensweise eine Gefahr, die der Begleiter aus seiner Mediationspraxis kennt und auf die er deshalb gut vorbereitet sein sollte, um sie frühzeitig abzuwenden. Direkte Begegnungen zwischen den Parteien können nämlich zu einem noch größeren Abstand, zu weitaus gravierenden Differenzen als zuvor führen. Somit fungiert der Mediator als Puffer zwischen den Konflikt-Beteiligten. Das führt bei den Parteien fast zwangsläufig zur Beibehaltung und auch zur Stärkung der Selbstsicherheit. Im Verlauf der Gespräche hat der externe Mittler dann die Chance, den Abstand der Konfliktparteien zueinander schrittweise unter Einsatz von deeskalierenden Methoden zu verringern.

4. Ent-wickeln

Ab der fünften, spätestens jedoch auf der siebten Eskalationsstufe ist der Konflikt aus der subjektiven Sicht der Kontrahenten nur noch schwer lösbar. Ihnen gemeinsam ist allerdings weiterhin die Einstellung, daß man alles dafür tun sollte, weiteren Schaden zu vermeiden. Dennoch wird eine Beilegung des Konflikts oft ausgeschlossen.

Die fehlende Bereitschaft, sich intensiv auseinanderzusetzen, ist evident. Jede der Konfliktparteien lehnt es ab, mit der Gegenseite zu reden. Somit steht im Vordergrund der Mediation nicht die Verbesserung der gegenseitigen Beziehungen, sondern das Erarbeiten unterschiedlicher Anliegen und Motive. Der Mediator ent-wickelt, ent-wirrt zwischen den Parteien.

- Die Konfliktparteien sind sich über die gegenseitige Abhängigkeit im klaren, mit deren Hilfe allein weiterer Schaden vermieden werden kann. Andererseits zielen ihr Denken und Trachten darauf, die jeweils eigenen Interessen mit aller Macht durchzusetzen. Demnach befinden sie sich in einem Dilemma zwischen Abhängigkeit und Unabhängigkeit.

- Nicht zu unterschätzen ist außerdem das sogenannte Informationsdilemma. Hierbei schwanken die Kontrahenten zwischen Offenheit und Geschlossenheit im Geben von Informationen. Das Nehmen bereitet ihnen keinerlei Probleme, doch von sich aus aktiv zu werden und Informationen von sich selbst an andere weiterzugeben, dazu sind die Konfliktparteien vorläufig nicht bereit.
- Außerdem müssen die Kontrahenten langsam, aber sicher eine Entscheidung treffen, ob sie weiterhin starr und uneinsichtig bleiben möchten oder zu einer gewissen Konzessionsbereitschaft finden. Auch diesem „Druck"-Dilemma stehen sie oft relativ hilflos gegenüber.
- Im Rahmen der direkten Auseinandersetzung mit der Gegenseite machen die (An-)Führer der Konfliktparteien die für sie oft schmerzhafte Erfahrung, daß sie durch das eigene Verhalten die Interessen der eigenen Partei verletzen und folgerichtig den Gruppen-Rückhalt und die Gruppen-Bindung aufs Spiel setzen, sofern sie diese nicht bereits verloren haben. Auch die konträre Haltung, sich eben nicht mit der Gegenseite auseinanderzusetzen, hilft nicht weiter. Wird nämlich die direkte Konfrontation mit der Gegenseite gescheut oder weitestgehend vermieden, wächst die Gefahr eines noch größeren Schadens. Die Konfliktparteien müssen sich also darüber sehr wohl darüber im klaren sein, daß der Mittelweg zwischen diesen beiden Polen erforderlich ist, um zu einer Konfliktlösung zu finden. Das richtige Maß bei einer direkten Auseinandersetzung ist eine wohlüberlegte Dosierung der Zurückhaltung.

Die Ent-wicklungs-Aufgabe des Mediators ist es, den Kontrahenten aus diesen vier Zwangslagen herauszuhelfen, indem er mit ihnen gemeinsam neue Wege gleichsam herausschält. Der Vermittler ist Drehscheibe und Filter der Kommunikation und schafft auf diese Weise für die Konfliktparteien eine ge-löste und ent-wirrte und damit neutrale Zone.

VII. Kapitel
Die Interventionsmethoden der Wirtschafts-Mediation

Der Begriff „Intervention" mutet auf den ersten Blick fast kriegerisch, zumindest sehr kämpferisch an. Dabei ist die „Intervention" nichts anderes als ein Hilfsmittel, bei Konflikten zu vermitteln. Die unterschiedlichen Vermittlungsmethoden im Rahmen des Mediationsverfahrens sind jedoch nicht immer und überall gleich sinnvoll und gleich wirksam. Dies zeigt sich in der Praxis immer wieder. Daher ist es wichtig, die unterschiedlichen Methoden der Konflikt-Vermittlung zu kennen.

1. Praktische Überlegungen zur Wahl der Methoden

Unterschieden wird zwischen präventiven oder prophylaktischen, kurativen, deeskalierenden sowie reaktivierenden oder eskalierenden Interventionen. Die einzelnen Begriffe verdeutlichen schon weitgehend, um welche methodischen Inhalte es bei diesen Formen der Vermittlung geht. So soll die prophylaktische Intervention den eigentlichen Konfliktausbruch verhindern. Nach dem bekannten Werbemotto: Vorsorgen ist besser als Bohren. Demgegenüber sorgt die heilende (= kurative) Intervention dafür, daß der bereits vorhandene oder schon fast manifest schwelende Konflikt gelöst, begrenzt, kontrolliert oder endgültig geregelt wird. Die deeskalierende Intervention ist immer dann sinnvoll, wenn sich ein Konflikt in einem vergleichsweise weit fortgeschrittenen Stadium befindet. Diese

Vermittlung zielt vor allem darauf, die Spannungen zwischen den Konfliktparteien zu verringern. Und schließlich hat die reaktivierende Intervention das Ziel, „erkaltete" Konflikte wieder aufzuwärmen, um sie endgültig aus der Welt zu schaffen. Je nach Situation können diese vier Methoden miteinander verknüpft oder nebeneinander realisiert werden.

Der Denk-, Vorstellungs- und Wahrnehmungs-Horizont der Konflikt-Personen verändert sich im Verlauf der Auseinandersetzung. Entsprechend flexibel muß der Mediator sein, um sinnvoll und effizient darauf reagieren zu können. Es stellt sich demnach die Frage, welche der vorgestellten Interventionsmethoden geeignet sind, die verzerrten Wahrnehmungen und Auffassungen der Kontrahenten der jeweiligen Realität anzupassen.

- Eine mögliche Vorgehensweise besteht darin, die Konfliktparteien *getrennt voneinander* zu interviewen. Dadurch dokumentiert der Mediator eindeutig, daß er unparteiisch ist. Vorteil ist: Die Konfliktbeteiligten können sich selbst ohne Einflußnahme der Gegenseite mit ihren Vorstellungen und Wahrnehmungen darstellen und sich auf diese Weise endlich erleichtern. Der Nachteil: Das „isolierte Ventilieren" der eigenen Positionen, Anliegen und Motive hat zwar Reinigungs-Funktion, bringt aber noch keine gegenseitige Klärung. Fast ungehindert können die verdeckten Mechanismen, meist nicht zum Vorteil, weiterwirken. Darüber hinaus entsteht ein Abhängigkeitsverhältnis der jeweiligen Konfliktparteien gegenüber dem Mediator. Es droht also die Gefahr, daß sie ihre Autonomie aufgeben und in der Folge nicht mehr dazu fähig sind, ohne mehr oder weniger massive Hilfe von außen zur Konfliktlösung beizutragen.

- Der Mediator konfrontiert nicht *face to face* und vermeidet das direkte Aufeinandertreffen. Zwar kümmert sich der Vermittler gleichzeitig um die Kontrahenten, doch jeder der Konfliktbeteiligten schildert nur dem Mediator gegenüber – gleichwohl in Anwesenheit der Gegenseite – seine subjektve Wahrnehmung und Auffassung. Daraufhin entscheidet der Mediator, was er der anderen Konfliktpartei weitergibt. Dieses *indirekte Vorgehen* vermeidet die ungefilterte Konfrontation und kann dementsprechend zur Deeskalation des Konflikts beitragen.

- Denkbar ist aber auch, daß der Mediator eine *direkte Konfrontation* initiiert. Die direkte Konfrontation setzt Stabilität und Selbstvertrauen auf seiten der Konfliktbeteiligten zwingend voraus.Der Mediator achtet genau darauf, wie die jeweilige innere Verfassung der Konfliktpartner sich darstellt. Er beobachtet und überwacht den Prozeßablauf: Er muß jederzeit auf der Hut sein und umgehend intervenieren, wenn der Konflikt zu eskalieren droht und die typischen Konfliktmechanismen auftreten. Diese Interventionsmethode eignet sich fast ausschließlich, um bei „heißen" Konflikten zu vermitteln. Bei „kalten" bzw. vorübergehend „erkalteten" Auseinandersetzungen soll der Mediator diese direkten Interventionsmethoden aber nicht einsetzen und anwenden, da die Konflikt-Kontrahenten in ihrem Selbstvertrauen, in ihrem Selbstbewußtsein und ihrer Stabilität erschüttert sind und ihr Verhalten durch Rückzug, Desinteresse und Mißtrauen charakterisiert ist.
- Neben analytisch-rationalen sind vor allem auch *kreative Methoden* der Intervention sinnvoll. Beispielsweise indem der Mediator Farben einsetzt, Rollenspiele initiiert oder non-verbales Agieren vorschlägt. Wie eben dargestellt, fällt es den Konfliktparteien ab der fünften Eskalationsstufe zunehmend schwer – mitunter ist es ihnen sogar unmöglich – positive Eigenschaften des Gegners zu benennen.

Schritt für Schritt

Es liegt in der Natur der Sache, daß die Konfliktparteien in aller Regel unrichtige oder unvollständige Vorstellungen über Motive und Anliegen haben. Für eine sachgerechte und effiziente Intervention ist es deshalb wichtig, daß alle Motive und Anliegen frühzeitig aufgelistet werden. Hier empfehlen sich Methoden, die den Mediator in seiner allparteilichen Position und als neutrale, unabhängige und keinesfalls (vor)eingenomme Person ausweisen. Dadurch kann er an Profil gewinnen. Beim Auflisten aller Motive und Anliegen empfiehlt es sich, diese Schritt für Schritt in kleinere Einheiten aufzuteilen. Diese Vorgehensweise macht eine mögliche Konfliktbereinigung um so einfacher, da sie erhebliche psychologische Verteiler beinhaltet. Wie ein Puzzle aus einer Fülle unterschiedlicher Einzelteile zusammengesetzt ist, so besteht ein Konflikt aus einer Reihe verschiedener Einzel- und Teilkonflikte. Und genauso läßt sich die Gesamtheit der Motive, Überzeugungen, Interessen und Anliegen in unterschiedliche kleinere Einheiten aufteilen und wird so überschaubar. Ziele, die sich der Mensch vornimmt, sind immer dann greifbar und nah, wenn es ihm gelingt, sie in kleinere Einzelziele aufzuteilen, deren Realisierung leichter fällt als die Erreichung des großen Ganzen. Entsprechend hoch ist die Motivation weiterzumachen, nachdem sich Teil-Erfolge eingestellt haben. Das Unterteilen aller Anliegen hat zudem den Vorteil, daß die Konfliktparteien die Anliegen der Gegenseite besser kennenlernen. Dies wiederum führt zu einer flexibleren Einstellung und Haltung der Kontrahenten.

Gestern, heute, morgen

Die unterschiedlichen Interventionen, für die der Mediator sich situationsabhängig entscheidet, beziehen sich auf das, was war, was ist und was sein wird. Sie haben demnach eine temporäre Orientierung auf die Vergangenheit, die Gegenwart und die Zukunft. Zugrunde gelegt wird die Analyse des Geschehenen, die Feststellung des aktuellen *status quo* sowie die mögliche Weiterentwicklung der jetzigen Situation in der Zukunft. Folgende Ziele muß der Mediator dabei im Auge behalten:

- Als erstes sollte der Mediator erreichen, daß die Konfliktparteien die *zurückliegenden*, bisherigen dynamischen Faktoren des Konfliktverlaufs erkennen, sich bewußt machen und verstehen. Wissen und Durchblick sind in diesem Zusammenhang nicht allein Macht, sondern die optimale Grundlage eines effizienten Mediations-Verfahrens.
- Auf Grund der gewonnenen Erkenntnisse ist es den Kontrahenten fast problemlos möglich, die *augenblicklich* wirksamen Mechanismen ihrer Auseinandersetzungen zu erkennen und sich selbst dagegen zu immunisieren. Der Mediator möchte die Parteien in die Lage versetzen, daß der Konflikt und seine Folgen nicht die Oberhand über deren Gefühl und Verstand gewinnen.
- Durch diese „Vorarbeiten" bestens gewappnet sehen sich die Kontrahenten plötzlich in die Lage versetzt, den *künftigen* Konfliktverlauf in die gewünschte Richtung zu lenken. Sie stehen ihrer Auseinandersetzunng nicht mehr ohnmächtig und gleichsam besinnungslos gegenüber, sondern sie haben direkte Einflußmöglichkeiten, eine weitere Eskalation zu vermeiden und den Konflikt in eine Bahn zu lenken, die möglichst viel Effizienz und Kreativität freisetzt.

Aufbrechen von Schein-Solidaritäten

Bei den Intervention bemüht sich der Mediator um die *innere Stärkung der Parteien* und ihrer Mitglieder. Vergleichsweise schwache und unselbständige Personen sollen zu starken, weitgehend autonomen Persönlichkeiten heranreifen. Die internen Konflikte der Mitglieder einer Partei müssen methodisch wirksam bearbeitet werden, um von einer Scheinsolidarität weg zu und einer stabilen Einheit hin zu gelangen. Wie der Begriff schon sagt, ist die „Schein-Solidarität" nur oberflächlich, nicht in Wirklichkeit vorhanden. Sie wird deklamiert, wiederholt nach außen hin behauptet, doch bei einer Probe aufs Exempel versagen die Mitglieder der jeweiligen Konfliktpartei. Die wiederholt betonte „Solidarität" erweist sich frühzeitig als Potemkinsches Dorf.

Gerade in kalten Konfliktphasen ist es notwendig, jede der Parteien beim Aufbau eines positiven Selbstbildes behilflich zu sein. Es geht darum, die fixierten Rollen und Beziehungen der eigenen Partei aufzulockern, wenn nicht gar aufzubrechen. Die vorherigen Abhängigkeitsverhältnisse nach dem Ursache-Wirkungs-Prinzip bzw. dem Wenn-Dann-Muster sind nicht mehr existent. Zwar könnte durch das Aufbrechen vermeintlich gewachsener Strukturen kurzfristig das emotionale Beziehungschaos ausbrechen. Doch auf längere Sicht wird der Handlungsspielraum der Partei-Repräsentanten erheblich erweitert. Ihnen fällt es dann leichter, autonom zu agieren und weitgehend frei Entscheidungen zu treffen. Allmählich lösen sich die Repräsentanten von ihren Hintermannschaften, woraus Kompromißbereitschaft und die Überzeugung resultieren, daß eine Beilegung des Konflikts dringend erforderlich ist. In dem Moment, in dem sich der jeweilige Führer nicht mehr rückversichern braucht, rückt eine Konfliktlösung in greifbare Nähe. Zumindest ist sie deutlich realistischer als zuvor.

Was ist des Pudels Kern?

Mit Hilfe der Interventionsmethoden wird die *Entwicklung empathischer Fähigkeiten* gefördert, weil diese respektvolles und akzeptierendes Verhalten fördert. Somit initiiert der Mediator bei den Kontrahenten die Rückbesinnung auf eigentlich menschliche Werte, die im Verlaufe des Konflikts abhanden gekommen bzw. zur Seite gedrängt worden sind. Gefühle und emotionales Miteinander statt des Gegeneinanders der Parteien haben hier den Vorrang. Die Grundeinstellung der jeweiligen Kontrahenten zu ihrer Auseinandersetzung ist entscheidend für die grundsätzliche Konfliktbehandlung. Aus diesem Grund ist die *Diagnose jener Grundeinstellung* dringend erforderlich. Erst nachdem der

Mediator geklärt hat, welche Einstellung bei den Kontrahenten gegenüber dem Konflikt vorherrscht, kann er die geeignete Interventionsstrategie bestimmen und diese weiterverfolgen. Der externe Vermittler ist für die Konfliktparteien emotionaler Halt und Respektperson in einem. Zu Beginn der Mediationsstrategie geht es letztlich um die Frage, wie der Mediator Zugang zu den Konfliktparteien erlangen kann. Bei dem ersten Zusammentreffen mit den jeweiligen Kontrahenten stellt der Vermittler die Anliegen und Motive der Konfliktparteien zunächst recht vordergründig dar. Ein erster Ansatz des externen Mittlers, mit dem er erkunden will, wie sich die Kontrahenten selbst eine Beilegung der Auseinandersetzung vorstellen. Er tastet sich Schritt für Schritt an den Kern heran:

- Er befragt jede der Konfliktparteien, welche Voraussetzungen erfüllt sein müssen, um sich einer Konfliktlösung zu nähern. Nach einer gewissen Anlaufzeit wird klar, welche Anforderungen die Konfliktbeteiligten an die jeweilige Gegenseite stellen. Formuliert wird somit eine weitgehende *conditio sine qua non* , also Maximalforderungen, die jeder Kontrahent erfüllt haben möchte, bevor er seine Zustimmung zum Mitmachen gibt.
- Die folgende Frage des Mediators lautet zwangsläufig: Welche Lösungswege stellen sich die Konfliktbeteiligten vor? Wie schaut der Idealzustand aus? Was ist jeder bereit zu tun, um die leidige Sache ein für allemal aus der Welt zu schaffen?
- Welche Rolle soll der Mediator im Rahmen des Mediationsverfahrens spielen? Die Kontrahenten sind aufgerufen, offen über ihre eigene Einstellung zum externen Vermittler zu reden. Frühzeitig wird deutlich, ob der Mediator als unabhängige und unvoreingenommene neutrale Instanz akzeptiert wird, der einzig und allein an einer sachgerechten Konfliktlösung gelegen ist. Oder aber ob die Kontrahenten ihn dennoch als „Partei“ betrachten, der man nicht ver-

trauen kann, weil sie angeblich die jeweilige Gegenseite favorisiert.

- Daraufhin erkundigt sich der Mediator bei den Kontrahenten nach den bisherigen Aktivitäten. Was haben sie unternommen, um Kontrolle über den Konflikt zu gewinnen oder – was durchaus positiv ist – zu behalten? Hier erfährt der Vermittler, ob und in welchem Maß bei den Konfliktparteien die Bereitschaft vorhanden ist, ihre Auseinandersetzung nicht eskalieren zu lassen. Haben sich die Kontrahenten einfach „gehen lassen", sich von der rationalen Ebene verabschiedet und auf emotionale Aspekte und Instrumentarien konzentriert? Oder stand das Bemühen im Vordergrund, mit dem Konflikt an sich, der Gegenseite und auch dem sozialen Umfeld weitgehend sachbezogen umzugehen, damit die Auseinandersetzung möglichst aus eigener Kraft beigelegt werden kann.

- Wie sieht die generelle Haltung der Kontrahenten dem Konflikt gegenüber aus, und welche Auswirkung hat diese Einstellung auf eine mögliche Konfliktlösung? Ist es für die Beteiligten immer noch durchaus realistisch, den Konflikt aus der Welt zu schaffen? Oder sind sie der Meinung, daß die Karre schon soweit im Dreck steckt, daß sie selbst keine Chance haben, zu einer – wie auch immer – einvernehmlichen Lösung zu kommen?

- Hat es Signale der jeweils anderen Konfliktpartei gegeben, daß sie die Auseinandersetzung beenden möchte? Hier geht es um das Problem, in wieweit die Kontrahenten noch fähig sind, Verbales und Non-verbales der jeweiligen Gegenseite nicht nur aufzunehmen, sondern auch (wenn möglich richtig) zu interpretieren. Die Tatsache, daß solche Signale korrekt empfangen werden, deutet darauf hin, daß eine Konfliktpartei durchaus Kompromißbereitschaft zeigt.

- Um aus dieser – zunächst durchaus positiven – Tatsache Kapital schlagen zu können, ist aber Voraussetzung, daß die Kontrahenten jene Signale der jeweiligen Gegenpartei richtig interpretiert und nicht mißverstanden haben. Der Mediator will erforschen, ob auf Seiten der Konfliktbeteiligten überhaupt noch die Bereitschaft besteht, solche Signale unvoreingenommen aufzunehmen.

Diese praktischen Fragen wecken bei den Konfliktbeteiligten die Bereitschaft, daß jetzt etwas geschehen muß. Sie erkennen, daß der Konflikt inzwischen ein Stadium erreicht hat, bei dem die eminente Gefahr der Verselbständigung droht. Das Aufbrechen und Über-den-Haufen-Werfen festgefahrener Meinungen ist bereits als erster Erfolg zu werten. Erhält der Mediator doch hierdurch die Gelegenheit, wirklich Hilfe anbieten zu können. Und in aller Regel werden die Kontrahenten diese helfende Hand nicht ausschlagen, sondern das Angebot wahrnehmen. Vorkenntnisse und Erfahrungen sind für den Mediator wichtige Voraussetzungen, damit er die unterschiedlichen Interventionsmethoden variabel und wirkungsvoll einsetzen kann. Für alle Interventionsmethoden ist kreatives, flexibles und durchweg auch mutiges Vorgehen notwendig. Der Mediator muß aufgrund der jeweiligen Konflikt-Diagnose ein auf die Konfliktsituation zugeschnittenes Interventionskonzept entwerfen. Gründlich und systematisch.

Goldene Regeln

- *Interventionen haben nur dann den gewünschten Erfolg, wenn es dem Mediator gelingt, wenigstens für die ersten Schritte bei jeder der Konfliktparteien eine – wenn zunächst auch noch skeptische – Akzeptanz zu gewinnen.*
- *Niemals sollte der Mediator stärker intervenieren, als unbedingt nötig ist.* Ein im Mediationsverfahren durchaus haarige Anforderung. Der Mediator muß nämlich über soviel Praxis verfügen, damit er seine von der Art

des Konflikts abhängige Interventionsgrenzen optimal stecken kann.

- *Die Intervention durch den Mediator darf nicht oberflächlich sein*, was vor allem für Konflikte ab Eskalationsstufe fünf gilt. Konfliktbeteiligte reagieren aller Erfahrung sehr sensibel auf derartige „Fehltritte“ ihres externen Vermittlers. Oberflächliches Intervenieren hat zur Folge, daß die Bereitschaft auf seiten der Kontrahenten, Verantwortung zu übernehmen, nicht initiiert werden kann. Oder daß sie, wenn noch ansatzweise vorhanden, völlig verschwindet.
- *Grundsätzlich müssen sich die Interventionen durch den Mediator am jeweiligen Bewußtseinsgrad der Konfliktparteien orientieren.*
- *Es gibt keinen Königsweg bei der Wahl der geeigneten Interventionsmethoden.* Allein dem Vermittler bleibt die Entscheidung überlassen, welche der ihm zur Verfügung stehenden Interventionsarten auf Grund der vorherigen Konfliktdiagnose den größten Erfolg verspricht. Ein erfahrener Mediator ist sich darüber bewußt, daß die Wahl der optimalen Interventionsmethode schon frühzeitig über Gelingen und Mißlingen seines Mediationsverfahrens entscheidet.

2. Die Methoden-Palette

Auf den vorangegangenen Seiten wurden wichtige Grundüberlegungen für den Einsatz der Interventions-Methoden dargelegt, die im Mediationsverfahren – abhängig von der jeweiligen Konflikt-Situation und Eskalationsstufe – angewandt werden können. In diesem Kapitel stelle ich Ihnen aus der Fülle unterschiedlicher Methoden einige in der Praxis erprobte näher vor. Vor allem solche, die kreativ (schöpferisch), innovativ (erneuernd), intuitiv (anschauend) und imaginativ (vorstellend) sind. Bei einigen werden Sie möglicherweise an Gesellschaftsspiele erinnert; vielleicht bildet sich bei Ihnen auch die Assoziation: Was sind das denn für Spielchen! Methoden haben in der Regel Spielerisches an sich. Das soll auch so sein. Im Methoden-Spiel wird Kreativität entfaltet und oft auch Unreflektiertes bewußt. Durch kreatives Handeln und durch spielerischen Einsatz neuer Konfliktlösungsmethoden, die über das Denken und Berechnen hinaus auch die Phantasie und den Körper einbeziehen, können schneller und besser jene beruflichen und privaten Konflikte gelöst werden, die sich einer rein logischen Lösung entziehen. Jetzt fällt es den Kontrahenten leichter, alte Muster zu verlassen und neue Wege zu wagen.

Der Mediator muß den Mut haben, Video, Tonband und gut ausgewählte, passende Hintergrundmusik gezielt einzusetzen. Auch den Einsatz von Pantomime, Stegreif und Play-back-Theater hat für die Konfliktpartner oft eine befreiende Wirkung; denn da, wo Laien Theater spielen, ist der Humor nicht weit weg. *Nie vergessen: Einverständnis einholen!* Wirtschafts-Mediation als das Konfliktlösungsmodell, das den Menschen in seiner Einheit von Körper, Seele und Geist ernst nimmt, verlangt nach ganzheitlichen Konfliktlösungen, erfordert ganzheitliche Erfahrungen.

Satz vollenden

Diese Methode ist äußerst einfach und gerade deswegen sehr wirkungsvoll. *Der Mediator setzt sie mit dem Ziel ein, den Konfliktbeteiligten deutlich vor Augen zu führen, daß eine Analyse des Konflikts not-wendig ist.* Allein das Aufzählen, Benennen und Aufschreiben der Anliegen und Motive des Konfliktes zeigt sofort Unterschiede, Gemeinsamkeiten und Gegensätze auf.

Mit Hilfe der Metaplantechnik wird im folgenden gearbeitet. Jeder der anwesenden Teilnehmer schreibt auf eine Metaplankarte in einem kurzen Satz den Kernpunkt des Konfliktes aus seiner subjektiven Sicht auf. Einheitlichkeit ist hier wichtig. Daher soll der Satz beginnen mit: „ Der Konflikt besteht darin, daß ...“. Jeder der Teilnehmer vollendet diesen Satz. Der Mediator bittet jetzt die Parteien, diese Kärtchen an die Metaplan-Wand anzupinnen. Bei der anschließenden Analyse wird schnell deutlich, daß verschiedene Ansichten über das Wesentliche des Konfliktes vorliegen. Die Erkenntnis und das Bewußtsein bei den Betroffenen ist, daß man über diesen Konflikt offensichtlich noch zu wenig weiß, um ihn wirklich vernünftig lösen zu können.

Hin und her

Nicht nur bei der vorherigen, sondern auch bei dieser Methode entsteht ein wichtiger Vorteil dadurch, daß sich der Mediator als neutrale „Partei“ erweist, als solche sogar profilieren kann. *Mit dieser Methode will der Mediator erreichen, daß die Konfliktparteien ihre jeweiligen subjektiven Wahrnehmungen und Wirklichkeiten akzeptieren.* Bei der Durchführung ein bedeutsames Hilfsmittel ist der Flip-Chart, auf dem zwei Seiten gebildet werden. Darauf listen die Konfliktparteien ihre jeweils eigenen Anliegen und Motive des Konfliktes auf. Person A notiert links, B auf der rechten Seite. Die Person A beginnt und nennt drei Konfliktpunkte, die sie kurz erläutert. Person B gibt diese Darstellung wieder und stellt Verständnisfragen dazu. Aufbrechende Diskussionen, zu denen die Konfliktparteien gerne greifen, müssen vom Mediator unterbunden werden. Ziel ist es, daß die Konfliktpartner erfahren, wie ihr Gegenüber denkt und empfindet. Daraufhin ist die Reihe an Person B, A verhält sich wie zuvor sein Kontrahent B. Dieser Ablauf wiederholt sich stetig, bis die Konfliktparteien die wichtigsten Konfliktpunkte aufgelistet haben.

Habe ich dich richtig verstanden?

Ziel dieser Methode ist es, daß die Konfliktparteien das genaue Zuhören und das treffende Formulieren von Aussagen üben und lernen. Die Konfliktparteien bilden Paare: A mit B, C und D usw. und wählen gemeinsam für sich einen Konfliktgegenstand Ihrer Wahl aus, über den sie sich nach folgenden Regeln unterhalten und austauschen. Eine dritte Partei sorgt für die Einhaltung der Spielregeln. A beginnt mit einem Satz, einer Behauptung. Bevor B nun seinerseits darauf etwas erwidert, muß er die Aussage von A sinngemäß wiederholen. Er beginnt z.B. mit: „Du meinst ...“ oder „Habe ich dich richtig verstanden, daß ...“. A bestätigt die Aussage von B mit „stimmt“ oder „richtig“. Nun ist B an der Reihe, und A muß die Aussage von B inhaltlich korrekt widergeben. Wird eine Aussage nicht ganz sinngemäß wiederholt, so antwortet der betreffende Urheber mit „falsch“ oder „nein“. Der Gesprächspartner muß sie dann nochmals wiederholen. Ist sie dann immer noch falsch, so sagt der Urheber nochmals, was er meinte, B wiederholt usw.

Die dritte Person als Beobachter wacht peinlich genau, ja fast „pingelig“ darüber, daß alles nach Vorgabe läuft. Diese Methode dauert nicht länger als maximal 15 Minuten. Dann folgen zum gleichen oder ähnlichem Konfliktgegenstand noch zwei Runden mit Rollenwechsel, so daß jeder Teilnehmer auch einmal Beobachter war. Diese Methode bereitet den Konfliktparteien sehr viel Mühe, teilweise wirkt es auf die Teilnehmer sogar „ätzend“. Der Mediator muß sehr behutsam mit dieser Methode umgehen. Den Konflikt-Beteiligten wird allerdings sehr schnell klar, daß diese Methode enorm aggressionshemmend und de-eskalierend wirkt. Die dicke Luft ist schnell raus. Die Methode hat auch prophylaktische Wirkung, da der Konflikt kaum eskalieren kann. In „heißen“ und hitzigen Konflikt-Situationen, also da wo es spannend wird, hilft diese Methode, eine entspannte Atmosphäre wieder herzustellen. Die Teilnehmer äußerten sich hinterher, nachdem sie dies ausprobiert haben, sehr erstaunt, mit welch einfachen Mitteln Spannungen, Aggressionen und Mißverständnisse abgebaut werden können.

Bei längerer Übung kann eine Erweiterung stattfinden. Nach einer in aller Regel auf 20 bis 30 Minuten befristeten Diskussion fassen die Parteien die wichtigsten Meinungen und Haltungen der Gegenseite zusammen. Der jeweilige Kontrahent hört zu und korrigiert, ob die darstellende Partei die vorherigen Ausführungen richtig oder falsch wahrgenommen hat bzw. jetzt wiedergibt.

Bei der nun folgenden Spielart geht es dem Mediator vor allem darum, daß die Konfliktparteien empathisch-einfühlend miteinander kommunizieren: Jeder der Kontrahenten darf darstellen, wie er eine bestimmte Konflikt-Situation erlebt hat. Er schildert den – aus seiner Sicht – genauen Ablauf, er berichtet über seine Emotionen, die er in dieser Situation verspürt hat. Trotz Ausführlichkeit und Intensivität sollte die Schilderung maximal zwei bis drei Minuten andauern, um die Zuhörer nicht zu überfordern. Es kommt nämlich darauf an, daß der Kontrahent, nennen wir ihn Person B, die Ausage seines Vorredners, der Person A, möglichst genau wiederholt. B schildert das, was seinem geistigen Protokoll entspricht. Zugleich achtet er darauf, daß seine Repetition nicht von eigenen subjektiven Einflüssen verwaschen ist.

Nach der Schilderung von A und der Wiederholung durch B erkundigt sich der Mediator danach, ob A mit der Darstellung von B einverstanden ist. Zu klären sind Unterschiede und voneinander abweichende Darstellungen, um zu einem Konsens zu finden. Daraufhin wiederholt sich der vorherige Ablauf. Nunmehr ist Person B aufgerufen, die gleiche Situation aus seiner eigenen Sicht der Dinge zu schildern. Auch B geht ausführlich auf das Geschehene ein, bemüht sich um weitgehende Faktentreue, kann zugleich aber nicht verhindern, daß seine Schilderung von subjektiven emotionalen Einflüssen geprägt ist. Daraufhin ist es an Person A, genau wiederzugeben, was B zuvor gesagt hat. Protokollartig schildert er das Gehörte, erneut unter Weglassuung eigener subjektiver Faktoren. Dem Mediator fällt die Aufgabe zu, die Einhaltung der Kommunikationsregeln, auf die sich die Kontrahenten geeinigt hatten, zu überwachen. Ziel dieser Methode ist es, die Konfliktparteien in die Lage zu versetzen, dem jeweils anderen genau zuzuhören und sich in die Erlebniswelt der Gegenseite hinzuversetzen. Das weckt und schult einerseits die Toleranz und kann in aller Regel dazu führen, daß neuer Respekt für den anderen aufgebaut wird.

Sich gegenseitig interviewen

Ziel dieser Methode ist, daß die Kontrahenten die Haltung des Konfliktgegners zu den einzelnen Konfliktpunkten sowie deren Bedeutung und Gewichtung kennenlernen. Auf diese Weise ist es den Konfliktparteien möglich, Empathie für die jeweiligen Anliegen und Motive der Gegenseite zu gewinnen. Außerdem wächst das Verständnis für die damit verknüpften Gefühle. Mit der Folge, daß die Kontrahenten im Laufe der Zeit eher zu einem Konsens über die Streitpunkte finden.

Zum Ablauf: Als erstes listet jede Partei für sich alleine ihre eigenen Konflikt- und Streitpunkte auf. Daraufhin versehen sie jeden Konfliktpunkt mit den Emotionen, die dieser bei ihnen auslöst. Gleichzeitig notieren sie, wie sie selbst die Emotionen der Gegenpartei zu den eigenen Konflikt- und Streitpunkten einschätzen. Daraufhin tauschen die Konfliktbeteiligten ihre Listen aus und vergleichen das, was sie selbst aufgeschrieben haben, mit dem, was die jeweils andere Partei notiert hat. Zum Abschluß interviewen die Konfliktgegner sich paarweise zu den Konfliktpunkten, bei denen sie sich am meisten geirrt haben. Übereinstimmungen werden also nicht besprochen, Trennendes wird im Rahmen eines Frage-Antwort-Spiels sichtbar gemacht und analysiert.

Geheimnisse lüften

Diese Methode ist gut einsetzbar bei Konflikten zwischen Teams, Abteilungen oder ganzen Unternehmen. *Das Ziel: Erkennen und Korrigieren von Vorurteilen.* Jeder der Beteiligten schreibt ohne Namensnennung auf eine Metaplankarte auf, welche Geheimnisse er bei diesem Konflikt vermutet oder selbst hat. Da dies eine sehr intime Angelegenheit ist, muß der Mediator darauf achten, daß die Metaplankärtchen von gleicher Größe und gleicher Farbe sind. Die Teilnehmer werden aufgefordert, möglichst in Druckbuchstaben und auch mit gleichen Farben/Stiften zu schreiben. So ist ausgeschlossen, daß hinterher falsche Rückschlüsse gezogen werden können. Nun sammelt der Mediator die so beschriebenen Metaplankärtchen wieder ein, mischt diese, und läßt die Teilnehmer die Metaplankärtchen verdeckt ziehen. Somit ist weitgehend sichergestellt, daß jeder Teilnehmer das Kärtchen eines anderen in seinen Händen hält. Jeder liest seins vor. Eine Analyse der Geheimnisse führt oft zum Kern der Konflikte. Der Mediator sammelt die Karten wieder ein und kann sie bei Bedarf einzelnen hervorholen, um weitere Geheimnisse zu lüften. Das Einverständnis aller am Konflikt Beteiligten ist bei dieser Methode immer zu berücksichtigen.

Das Fenster

Ziel ist, daß die Konfliktparteien erfahren, daß jeder seine eigene Wahrnehmungs- und Erlebniswelt besitzt. Der Mediator bittet zwei Personen, die in den Konflikt involviert sind, zu einem Fenster, das offen steht. Die Konfliktpersonen schauen nun zur gleichen Zeit gemeinsam aus dem Fenster und in die gleiche Richtung. Dauer etwa ein bis zwei Minuten.

Anschließend schreiben beide Konfliktpersonen auf, was sie so eben wahrgenommen, gesehen und erlebt haben. Dann trägt jeder seine aufgeschriebenen Notizen vor. Die beiden Akteure werden unterschiedliche Dinge vortragen. Gemeinsames ist auch möglich. Deutlich wird den Konfliktpersonen, daß die Erlebnis-Welten sehr unterschiedlich sind, selbst bei gleicher Ausgangslage. Die Teilnehmer zeigen sich häufig bereits bei und spätestens nach dieser methodischen Übung sehr beeindruckt, verwundert und sogar überrascht, daß die Aussage, jeder sieht die Dinge aus seiner Sicht und mit seiner Brille, in der Realität stimmt.

Hervorragende Anknüpfungspunkte für den Mediator, Situationen, in denen Schwarzweiß-Denken vorherrscht, aufzulokkern und zu entwickeln.

An diese Methode kann der Mediator folgende Variante anschließen, *um das Schwarzweiß-Denken der Kontrahenten aufzubrechen und den freien Blick auf ihre guten Seiten zu schärfen.* Wir erinnern uns: Mit Beginn der fünften Eskalationsstufe fällt es den Konfliktparteien außerordentlich schwer, bei der Gegenseite überhaupt noch Positives zu sehen. In dieser Phase des Konflikts hat sich sowohl das jeweilige Selbstbild der Kontrahenten als auch das Feindbild wesentlich geändert. Ich bin der Engel, du bist der Teufel. Ich bin die Inkarnation des Guten, du verkörperst das Böse. Egal, was ich auch tue, ich verhalte mich in jedem Fall fair, wende sowohl legale als auch legitime Methoden an. Doch du verhältst dich ganz anders: Du bist unfair, du hast beim Einsatz deiner Methoden die Grenze zu Illegalität längst überschritten, vom Illegitimen ganz zu schweigen.

Die Konfliktparteien werden nachhaltig dazu animiert, all das tatsächlich oder vermeintlich Negative der Gegenseite einmal bewußt außer Acht zu lassen und stattdessen das Positiive in den Vordergrund zu rücken. Auf diese Weise gelingt es dem Mediator, nicht nur die Schatten, sondern auch die Lichtseiten der Konfliktparteien deutlich werden zu lassen. Die theoretische Einsicht wird durch diese Methode deutlich: Wo sich Negatives die Bahn bricht, ist Positives nicht weit. Im menschlichen Leben bedingen sich gegensätzliche Pole einander: Wo Gut ist, da gibt es auch Böse. Wo Schatten ist, sieht man auch Licht.

Meine Welt und deine Welt

Die vorherige hat auf die nun folgende Methode ein wenig vorbereitet. Auch diese Methode hat sich im Rahmen des Mediationsverfahrens als sehr hilfreich und außerordentlich effizient erwiesen. Die Konfliktparteien werden zur differenzierten Wahrnehmung befähigt. *Die Konfliktpartner starten den Versuch, sich weiter und tiefer in die „Konflikt-Welt" der jeweils anderen Partei einzufühlen.* Die Tatsache an sich hat noch nichts mit Akzeptanz und Toleranz zu tun. Jeder der Kontrahenten soll sich lediglich in die Rolle, Lage und Situation des anderen versetzen, um dessen Gefühle, Anliegen, Motive und Handlungen im Konflikt besser verstehen und nachvollziehen zu können. Auf diese Weise gelingt es den Konfliktparteien, Verbindendes und Trennendes, Positves und Negatives zu erkennen und zu verbalisieren. Ihnen wird in aller Regel deutlich, daß es zwischen ihnen mehr Übereinstimmungen gibt, als gedacht, sowie weniger Differenzen als befürchtet.

Aber Achtung: Das ist durchaus eine Gratwanderung für den Mediator, das Verfahren könnte durchaus auf der Kippe stehen. Erfahrene Mediatoren wissen, daß an diesem Punkt des Konflikt-Lösungs-Managements zum Teil erhebliche Widerstände und Schwierigkeiten zu erwarten sind. Frühzeitig muß er darauf vorbereitet sein und die richtigen Reaktionsmethoden parat haben. Es ist durchaus üblich, daß alle am Konflikt Beteiligten einige identische Konfliktstreitpunkte gemeinsam als positiv bewerten. Diese Tatsache bietet dem Mediator einen hervorragenden Ansatz. Können doch jene Konfliktpunkte zu gemeinsam definierten Zielen führen.

Eine weitere Konsequenz, die aus gemeinsam positiv bewerteten Konfliktpunkten resultiert: Es kommt zu einer De-Eskalation. Die Kontrahenten erkennen nämlich, daß es trotz aller Widrigkeiten und Auseinandersetzungen immer noch Gemeinsamkeiten gibt, auf die sich aufbauen läßt und die gegebenenfalles zu einer Lösung führen können. In aller Regel werden jedoch nicht die gemeinsam positiv bewerteten, sondern die von allen Konfliktparteien als negativ eingeschätzten und trennenden Konfliktgegenstände, deren Anliegen und Motive zumindest quantitativ eine größere Bedeutung haben. Diese weisen auf eskalierende Mechanismen innerhalb des Konflikts hin. Ignorieren, zur Seite schieben und Tabuisieren wären jedoch die falschen Herangehensweisen. Trennendes muß deshalb offen, klar und mitunter auch in aller Schärfe angesprochen werden. Nur durch das offensive Herangehen lassen sich negativ erfahrene und erlebte Konflikt- und Streitpunkte bereinigen.

Ziel ist, daß die Konfliktparteien Unterschiede und Gemeinsamkeiten in der jeweiligen Denk- und Vorstellungswelt erkennen, analysieren und folglich auch bearbeiten können. Die einzelnen Konfliktpunkte und deren Anliegen und Motive, die die jeweiligen Konfliktparteien vorbringen, sind naturgemäß subjektiv und spiegeln die eigene Erlebniswelt wider. Somit entsprechen sie der jeweiligen Wahrnehmung und Interpretation der einzelnen Kontrahenten. Der Mediator setzt die Beteiligten davon in Kenntnis, daß es zunächst völlig unerheblich ist, ob und in wieweit die individuellen Streitpunkte die eigentlichen Konfliktquellen sind. Die Kontrahenten werden dazu ermuntert, ihren Gedanken freien Lauf zu lassen und all das zu nennen, was ihnen im Zusammenhang mit dem Konflikt in den Sinn kommt. Unabhängig davon, ob es zwischen den einzelnen Konfliktpunkten und -gegenständen und dem Konflikt selbst eine sachliche Beziehung gibt.

Diese Stoffsammlung dient dem Mediator als wichtiger Ansatzpunkt für seine Diagnose und dem weiteren Fortgang der Konfliktbehandlung. Fast im Handumdrehen wird die Erfahrung bestätigt, daß das Verhalten von Menschen weniger durch die Realität bestimmt ist. Meinungen, Überzeugungen und das daraus resultierende Agieren des Einzelnen orientiert sich nicht selten an den Bildern, die er sich von der Welt macht. Somit ist es eminent bedeutsam, daß die jeweiligen Konfliktparteien ihre eigenes *subjektives Konflikt-Erleben* in den Vordergrund stellen. Ohne Rücksicht darauf, ob diese den Zusammenhängen in der Wirklichkeit Bestand haben. Sofern diese Subjektivität nicht bedacht wird und der Mediator zudem nicht darauf hinweist, daß es in dieser Konflikt-Manage-

ment-Phase einzig und allein um das subjektive Konflikt-Erleben geht, besteht die Gefahr, daß die Parteien mauern und zumachen. Oftmals widersetzen sie sich, aktiv an der Konfliktbehandlung mitzuwirken.
Jetzt bittet der Mediator die Konfliktbeteiligten darum, ausnahmslos alle Konfliktgegenstände, Anliegen und Motive – wiederum aus subjektiver Sicht – zu notieren, die wohl zwischen der eigenen Partei und der/den anderen Partei/en stehen. Die Partei A schreibt ihre Konflikt- und Streitpunkte auf, die Partei B macht das gleiche und – falls vorhanden – tun es die Parteien C und D den anderen gleich. Nach dieser „Stoffsammlung" bringt der Mediator die aufgeschriebenen Punkte unter Mitwirkung der Kontrahenten in eine geordnete Übersicht, in ein Raster oder ähnlichem. Dieses Raster ermöglicht einen hervorragenden Überblick, die Unterschiede, aber auch die Gemeinsamkeiten der Konfliktbeteiligten festzustellen. Es ist erkennbar, ob und wo unüberbrückbare Gegensätze vorhanden sind. Zugleich dürfte es einige Überschneidungen bei den Konflikt- und Streitpunkten, bei den Konflikt-Anliegen und Konflikt-Motiven geben, die erfolgversprechende Ansätze für eine Konfliktbehandlung möglich machen.

Zum Abschluß werden Paare gebildet. A tut sich beispielsweise zusammen mit B, C und D bilden eine Paar, E und F und versuchen, Gemeinsamkeiten zu entwickeln. In dieser Phase der Konfliktbehandlung bespricht und klärt jeder Partner einen Konfliktpunkt, den er selbst vorgebracht hat, sowie einen, der für den jeweils anderen Partner wichtig ist. Das Motto lautet: Zeig mir Deine Welt – Ich zeig Dir meine Welt. Der Mediator läßt den Konfliktpaaren ausreichend Spielraum, die einzelnen Konflikt-Punkte und Anliegen im Welten-Dialog vorzutragen und auf ihre Bedeutung für den Konflikt hin zu analysieren. Erneut betont der externe Vermittler, daß es hierbei nicht um die objektive Wahrnehmung von Konfliktbeziehung geht, sondern einzig und allein um subjektive Eindrücke.

Konflikt-Straßenkarte

Mit Hilfe dieser Methode werden die Konfliktpartner in die Lage versetzt, *den bisherigen Konfliktverlauf zu rekonstruieren.* Einmal mehr ist die subjektive Einstellung von besonderer Bedeutung. Diese Tatsache erweist sich allerdings zunächst als weniger störend. Aber im weiteren Verlauf bei der Anwendung dieser Methode kommt es darauf an, daß sich die Konfliktparteien mit Hilfe des Mediators von der subjektiven Ebene weg und zur objektiven Ebene hinbewegen.

Die formalen Aspekte bei der Erarbeitung einer Straßenkarte: Die Kontrahenten zeichnen gemeinsam mit dem Mediator ein Koordinatensystem. Auf der vertikalen Achse, der Abszisse, werden die konfliktaktiven Parteien aufgelistet. Die horizontale Koordinatenachse, die Ordinate, gibt die Zeit wieder. Daraufhin markieren die Kontrahenten im Koordinatensystem, was sich wann, wie und mit welchen Beteiligten zugetragen hat. Danach werden die Ereignisse und Situation, die sich für den weiteren Konfliktverlauf als bedeutsam herausgestellt haben, durch unterschiedlich Symbole (Pfeile, Kreuzchen, Dreiecke, Kreise, Punkte usw.) mit dem Konfliktakteuren und den unterschiedlichen Konfliktpunkten verbunden.

Auf diese Weise entsteht eine Landkarte, die „Konflikt-Straßenkarte", mit deren Hilfe sich die bisherige Entwicklung der Auseinandersetzung optimal visualisieren läßt. Deshalb ist es das vordringliche Ziel dieser Methode, die Genese, die Zusammenhänge und auch die zu bearbeitenden Kernfragen im Rahmen eines Konfliktes zu erläutern und zu analysieren. Zum ersten Mal gelingt es den Konfliktparteien, Verpflichtungen und Verwicklungen, Ursachen und Wirkungen, gegenseitiges Bedingen oder Daraus-Resultieren zu erkennen. Die diffuse und amorphe Emotions-Masse verschwindet, klare Zusammenhänge treten zu Tage. Das Erkennen und Bewußtwerden auf Seiten der jeweiligen Konfliktparteien gibt fundierte Ansätze für spätere Lösungsstrategien. Denn mit Hilfe einer solchen

Konflikt-Straßenkarte ist nicht allein die Umwandlung des zuvor Abstrakten ins Konktrete möglich. Die Visualisierung eröffnet zudem konkrete Handlungsanweisungen und Orientierungen. Wer nicht weiß, wo es lang geht, greift zur Landkarte bzw. zum Atlas, um den Weg zu finden. Nichts anderes geschieht, wenn die Kontrahenten gemeinsam, gleichwohl mit der Unterstützung ihres Mediators, eine Konflikt-Straßenkarte erarbeiten.

In neuem Licht

Ziel dieser Methode ist es, die direkten Konfrontationen der Konfliktbeteiligten zu objektivieren und dadurch so zu strukturieren, daß die unterschiedlichen Wahrnehmungsvorstellungen geklärt werden können. Der Mediator ist sich bewußt, daß solche direkten Konfrontationen eindeutig von ihm gelenkt werden müssen, damit weitere Eskalationen des Konflikts verhindert werden können. Diese Methode darf der Mediator ausschließlich bei „heißen", nie bei „kalten" Konflikten einsetzen.

Zunächst treffen die Kontrahenten nicht aufeinander. Sie befinden sich in getrennten Räumen und notieren auf einem Flip-Chart, wie sie selbst den Konflikt wahrnehmen. Offen, ausführlich und durchaus weitgehend subjektiv geprägt. Daraufhin schreiben sie auf, wie die jeweilige Gegenseite den Konflikt wahrnimmt bzw. wie man selbst denkt, wie sie es tut. Nachdem dies geschehen ist, setzen sich die Konfliktparteien zum Austausch ihrer Wahrnehmungen zusammen. Sie vertreten offen ihre Meinungen und begründen, wie und weshalb sie zu bestimmten Einstellungen gekommen sind.

In der nächsten Runde stellt der Mediator ausschließlich inhaltliche Fragen, um das vorher Gesagte zu bestärken, zu erweitern oder auch zu nuancieren. Etwa: Wie kommen Sie zu dieser Auffassung? Was meinen Sie mit dieser Aussage? Was denken Sie sich bei jener Feststellung? Der Mediator läßt seine Fragen im Raum stehen. Er betont, daß es zunächst nicht auf Beantwortung ankommt. Im Gegenteil, sie sollen in großer Runde nicht beantwortet werden. Aber: Er fordert die Konfliktparteien auf, jede dieser Fragen für sich zu beantworten.

Erneut ziehen sich die Kontrahenten in voneinander getrennte Räume zurück. Sie beschäftigen sich nunmehr mit den Fragen, die sie zuvor aufgeschrieben haben. Sie erarbeiten Erklärungen, weshalb die Aussagen, Feststellungen, Auffassungen und Bilder der jeweiligen Konfliktpartei voneinander abweichen. Sie denken darüber nach, inwiefern das eigene Verhalten der Gegenseite Anlaß dazu gibt, von „Taktierer" oder „Manipulator" zu reden. Ist es nicht doch möglich, daß Gründe für derartige Anschuldigungen im eigenen Verhalten zu suchen sind?

Nach Reflexion und Diskussion werden die Arbeitsergebnisse ausgetauscht und weitere offene Diskussionspunkte und Fragen analysiert. Sofern sich Übereinstimmungen eingestellt haben, wird das weitere Vorgehen gemeinsam besprochen und geplant. Man beginnt, erste Lösungsansätze zu suchen und/oder Strategien zu entwickeln, um den Konflikt so schnell wie möglich aus der Welt schaffen zu können.

Wer zuerst malt ...

Diese Methode ist besonders gut einsetzbar bei Konflikten zwischen Abteilungsleitern, zwischen Geschäftsführung und Betriebsrat, zwischen Führungskräften aller Management-Ebenen. *Ziel dieser Methode ist es, auch in konfliktbeladenen und spannungsreichen Situationen miteinander etwas Gemeinsames zu gestalten und so den Prozeß einer Konsensbildung zu erleben.* Diese Methode ist humorvoll und witzig. Es darf nicht gesprochen werden. Verbale, direkte Regieanweisungen zwischen den Akteuren sind damit ausgeschlossen. Interessant ist, daß die Konflikt-Akteure nach Beendigung der gemeinsamen Mal-Aktion lockerer und entkrampfter kommunizieren können als zuvor. Der Mediator achtet darauf, daß die Atmosphäre unter den Konflikt-Handelnden nicht zu sehr gereizt und gespannt ist. Die Konflikt-Beteiligten machen neue Erfahrungen über sich und ihr Verhalten. Teilweise werden ihnen auch eigene Führungsstrategien bewußt.

Es werden Paare gebildet. Jedes Paar erhält einen Stift und ein Blatt weißes Papier. Die Aufgabe der beiden besteht nun darin, gemeinsam mit einem Stift auf dem weißen Blatt drei Dinge nach gemeinsamer Einigung zu malen. Sie geben sich nach dem gemeinsamen Malen der drei Dinge auch gemeinsam eine schriftlich Note. Wichtig ist, daß nicht gesprochen werden darf und der Stift von beiden gemeinsam gehalten werden muß.

Diese Methode mutet auf den ersten Augenblick etwas einfach und kindisch an. Die Wirkung ist enorm und wichtig. Die gemeinsam gemalten Bilder besprechen dann die jeweiligen Konflikte-Paare miteinander und tauschen ihre gegenseitigen Erfahrungen aus. Übrigens: Besondere künstlerische Fähigkeiten werden nicht vorausgesetzt oder erwartet.

Auch nicht bei folgender Variante, deren *Ziel es ist, daß beide Kontrahenten intensiver erleben, was sich zwischen ihnen emotional abspielt.* Die zwei Repräsentanten der beiden Konfliktparteien malen schweigend kleine abstrakte (keinesfalls figürliche) Motive Zug um Zug miteinander. Person A wählt beispielsweise die Farbe rot, B die Farbe blau. Gegenseitig beobachten die Kontrahenten, was die einzelnen eigenen Farbzüge beim jeweils anderen auslösen. Eine dritte Person schaut sich ebenfalls an, wie Person A und Person B mittels der Farben aufeinander reagieren. Die beiden Personen dürfen das ganze Blatt für ihre „abstrakte Kunst“ nutzen. Dabei dürfen die Malaktionen schnell und kräftig, schwungvoll und zackig, spitz oder auch weich, scharf und erschreckend sein. Hinsichtlich der konkreten Ausführungen gibt es vom Mediator keine Vorgaben.

Eigene Emotionen werden der Gegenseite recht unmittelbar bewußt. Nach rund 10 bis 15 Minuten ist diese Übung beendet. Daraufhin geht der Mediator zur Analyse des zuvor Geschehenen und subjektiv Erlebten über. Sofern die Konfliktbeteiligten nicht bereit oder fähig dazu sind, aus eigenem Antrieb heraus über das Verspürte zu sprechen, provoziert der Mediator entsprechende Reaktionen durch gezieltes Fragen. Der Mediator kann durch die Art und Intensität seiner Fragestellungen die Kontrahenten aktivieren.

Ich für dich und du für mich

Durch diese Methode will der Mediator *die Konfliktparteien befähigen, sich in die Gefühle und Erlebniswelten des jeweils anderen hineinzuversetzen.* Von besonderer Bedeutung ist jener Lernprozeß, bei dem die Konfliktbeteiligten erkennen, daß sie ihre Gefühle nicht unterdrücken brauchen. Im Gegenteil, zum Zweck einer effizienten und anhaltenden Konfliktlösung ist es dringend erforderlich, die Gefühlswelt weitgehend nach außen zu stülpen und die Emotionen im Rahmen der durch das soziale Umfeld gesteckten Grenzen auszuleben. Mit Hilfe dieser Methode beabsichtigt der Mediator auch, die imaginativen Fähigkeiten der Konfliktparteien, die mit dem Konflikt verbundene Gefühle anzusprechen und die psycho-soziale Dynamik in den Beziehungen zu wecken. Dadurch werden Empathie und gegenseitiger Respekt gefördert.

Ablauf dieser Methode: Die Kontrahenten besprechen miteinander bestimmte Konfliktsituationen. Dabei fordert der Mediator jeden Teilnehmer auf, die Gefühle des anderen genau zu beobachten. Wenn Person A beispielsweise beim Kontrahenten B erkennt, daß dieser sich ärgert, wirft A ein: „Ich-für-B: Die Bemerkung von C ärgert mich sehr. Stimmt das B?“ Die Person

B darf nur kurz mit „Ja“ oder „Nein“ antworten. Jeder darf jederzeit zu jedem das „Ich-für-dich“ sagen.

Diese Verfahrensmethode hat einen durchaus schizophrenen Aspekt. Denn jeder der Konfliktbeteiligten spielt sich selbst mit den eigenen Einstellungen, Gefühlen und Überzeugungen. Zugleich schlüpft er in die Rolle des „für-Dich“, um bestimmte Wahrheiten durch eine „andere Person“ aussprechen zu lassen, damit der Konflikt durch eine direkte Konfrontation nicht eskaliert.

Bei dieser Methode ist eine *zusätzliche Variante* denkbar: Jeder der Kontrahenten hat während der Besprechungszeit sein „Ich-für-Dich“ hinter bzw. neben sich oder gegenüber sitzen. Er braucht sich also nicht zweizuteilen, die Personen-Alternative ist auch physisch vorhanden. Dieses vorhandene „Ich-für-dich“ spricht dann nur für die ausgesuchte Person.

Eine andere Spielart konzentriert sich vornehmlich auf die Gefühle: Als erstes wählen die Konfliktparteien einige kritische Episoden aus und beschreiben diese detailiert. Was waren die die Konflikt- und Streitpunkte? Was waren die wahrgenommenen, nicht die tatsächlichen Probleme? Welche Spannungen haben sich damals gezeigt? Was genau spielte sich zwischen den Parteien auf sachlicher und emotionaler Ebene ab.

In der anschließenden Gesprächsrunde identifizieren sich alle Konfliktbeteiligten mit einer einzigen Person, zum Beipiel mit A. Alle versetzen sich in diese Persönlichkeit und in deren Verhalten hinein. Jeder der Teilnehmer spricht im „Ich-für-dich“ frei aus, was Person A in der betreffenden Situation wirklich gedacht, gefühlt, erlebt und gewollt hat. Vor allem jedoch das, was damals offenbar nicht ausgesprochen wurde. A hört zu, schweigt und notiert die aus seiner Sicht bedeutsamen Punkte.

Wichtig bei diesem Rollenspiel ist, daß – wie beim Brain-Storming – keine einzige Äußerung beurteilt, zensiert oder kommentiert wird. Nach Abschluß dieser Monologe können die Teilnehmer reagieren. In der Art etwa, daß sie sich äußern, was des vorher Gesagten ihnen unverständlich war. Oder was recht überraschend. Oder was besonders getroffen hat.

Es versteht sich von selbst, daß der Mediator – wie so oft – mit viel Fingerspitzengefühl und voll ausgefahrener Radarantennen dieses Rollenspiel begleitet.

Gemeinsam Protokoll schreiben

Mit der Wahl dieser Methode beabsichtigt der Mediator, daß es den *Konfliktparteien gemeinsam gelingt, ein qualitatives Klima-Bild zu erstellen.* Dieses braucht nicht unbedingt sehr konkret sein, ausgiebige Symbolik und Metaphorik eignen sich ebenfalls dazu, jenes Klima-Bild zu kreieren.

Vorgaben: Gemeinsam und gemischt sitzen die Konfliktparteien um den Tisch herum. Eine „Fraktionenbildung" ist nicht erkennbar. Der Mediator unterbricht nach zirka 15 Minuten die Besprechung. Er fordert die einzelnen Teilnehmer dazu auf, all das zu notieren, was sie während der vorausgegangen Unterredungsrunde gedacht, gefühlt und gewollt haben. Diese Rückschau soll er komplettieren durch seine Wünsche für die nächste Gesprächsrunde. Welche Hoffnungen und Erwartungen hegt er, was hat er sich vorgenommen?

Daraufhin reicht jeder der Teilnehmer sein eigenes Blatt zum linken Nachbarn weiter. Dieser kann nun die Bemerkungen seines rechten Nachbarn lesen. Er wird sich möglicherweise wundern, wird den schriftlichen Ausführungen hin und wieder zustimmen wollen oder aber sich völlig davon distanzieren, weil diese völlig gegensätzllich zur eigenen Position sind. Es darf nicht gesprochen werden. Schweigen ist angesagt. Es folgt die nächste Gesprächsrunde nach dem gleichem Muster. Dauer erneut 15 bis 20 Minuten mit anschließender Protokoll-Pause, während die Teilnehmer erneut ihr vorangegangenes Denken,

Fühlen und Wollen niederschreiben. Wichtig: Die schriftlichen Bemerkungen bleiben zunächst völlig unkommentiert. Erst nachdem die einzelnen Unterredungsrunden insgesamt beendet sind, liest jeder der Teilnehmer das vor ihm liegende Blatt laut vor. Zum Abschluß findet ein allgemeines Gespräch in der Gesamtgruppe statt.

Kleine Geschenke entfalten die Freundschaft

Der Mediator wendet diese Methode an, falls das Verhältnis der Konfliktparteien von einem tiefen Mißtrauen geprägt ist. *Dieses Mißtrauen aufzulockern, wenn möglich zu beseitigen – ist das Ziel.* Der externe Vermittler führt aus, daß guter Wille und Kompromißbereitschaft nicht Zeichen von Schwäche sind, sondern ein Vertrauensbeweis. Am Schluß dieser Methode soll als Ergebnis stehen, daß der Teufelskreis aus Mißtrauen und Drohung durch einseitige Versprechen und Absichtserklärungen durchbrochen werden kann. Zu Beginn spricht der Mediator einzeln mit den jeweiligen Konfliktparteien. Folgende Fragen werden dabei, ohne daß die Gegenseite anwesend ist, geklärt: Welche kleinen Geschenke würden Sie sich von Ihrem Kontrahenten wünschen? Was könnte die Gegenseite tun, um Ihnen kleine Beweise des Vertrauens zu geben? Durch diese ersten Fragen möchte der Mediator ermitteln, wie groß das Mißtrauen ist und ob überhaupt noch eine Chance besteht, dieses abzubauen. Wie sollte die Gegenpartei denn solche Vertrauensvorschüsse unzweideutig und unmißverständlich sichtbar machen?

Der Mediator übernimmt hierbei die Rolle des *advocatus diaboli*. Nachhaltig fragt er seinen Gesprächspartner, wie er sicher sein kann, daß ihm sein Gegner keine Falle stellt. Der Vermittler weist auf die Gefahr hin, daß sein Gesprächspartner mehr von sich zu geben bereit ist, als die Gegenseite. Aus diesem Ungleichgewicht könnte durchaus eine Eskalation des Konflikts resultieren.

Der Mediator versucht klarzumachen, daß man nicht auf einer Einbahnstraße zu einer befriedigenden Konfliktlösung gelangen kann. Wer von der Gegenseite kleineres oder größeres Entgegenkommen erwartet, der muß selbst auch dazu bereit sein. Deshalb erkundigt sich der Mediator danach, welche „freundschaftlichen Geschenke“ für den Gesprächspartner akzeptabel und deshalb machbar sind.

Wenn man selbst einen Schritt tut, kommt es einmal mehr auf die Wahl des geeigneten Kommunikationsmittels an. Auf welche Art und Weise soll denn der jeweiligen Gegenpartei mitgeteilt werden, daß man selbst zu einem entgegenkommenden Angebot bereit ist, mehr noch, wie diese Offerten ausschauen? Es muß klar sein, daß sich die Gegenseite in einer vergleichbaren, wenn nicht gar identischen Situation befindet. Auch deren Haltung ist von einem tiefsitzenden Mißtrauen geprägt. Zwar ist man grundsätzlich davon überzeugt, daß „Vertrauen der Anfang von allem ist“, wie die Werbebotschaft einer namhaften deutschen Privatbank lautet. Doch wer macht den ersten Schritt, und wie weit kann man gehen, damit man selbst nicht ins Hintertreffen gerät und taktische Nachteile hat?

Abschließend erkundigt sich der Mediator danach, bei welchen Angeboten die Konfliktparteien auf Garantien der Gegenseite verzichten könnten. Voraussetzung ist dabei, daß das jeweilige Angebot nach Ablauf einer festgelegten Frist nochmals überdacht werden kann, um zu überprüfen, ob es weiterhin aufrecht erhalten wird. Sicher, es liegt in der Natur der Sache, daß jeder danach trachtet, sein eigenes Entgegenkommen durch möglichst weitreichende Garantien abzusichern. Der Mediator wird sich angestrebten Garantieleistungen selbstverständlich nicht verschließen können. Allerdings sollte er darauf achten, daß die jeweiligen „freundschaftlichen Geschenke“ einerseits zwar sehr bedeutsam für alle Konfliktbeteiligten sind. Sie aber auf der anderen Seite sich nicht als derart umfassend und weitreichend herausstellen, daß Garantieforderungen eher kontraproduktiv wirken und die angestrebte Konfliktlösung deshalb in weitere Ferne rückt.

Ehrlich „wert" am meisten

Diese Methode zielt darauf, die Grundwerte und Ziele der Konfliktparteien zu erfahren und dadurch gegenseitigen Respekt zu erreichen. Hintergrund ist, daß Ziele und Wertvorstellungen des einzelnen mit der Identität eines Menschen verknüpft sind. Es ist teilweise einfacher, die Un-Wert-Vorstellungen der Konfliktparteien zu besprechen. Vom Negativen zum Positiven. Was betrachten wir gemeinsam als unfair, unmenschlich und unmoralisch? Was müßten wir tun, um den Konflikt tatsächlich ins Unendliche eskalieren zu lassen? Am Ende sollte dann Konsens darüber entstehen, was man gemeinsam vermeiden möchte.

Bei der Anwendung dieser Methode fordert der Mediator jede Person auf, folgendes zu notieren: zehn Dinge, die sie am liebsten tun würde sowie die stärksten Überzeugungen, für die sie wirklich kämpfen und sich mit allen Mitteln einsetzen würde.

Die aufgeschriebenen Punkte werden einzeln und nach ihrer Wichtigkeit fortlaufend numeriert. Daraufhin vergleichen die Konfliktparteien ihre Listen und besprechen die Unterschiede und Gemeinsamkeiten. Folgende Fragen dienen dabei der Vertiefung: Welche dieser Punkte würden die Kontrahenten tatsächlich auch vor Publikum verteidigen? Wie sind die Konfliktbeteiligten zu ihren jeweiligen Auffassungen gelangt? Was tun sie, um diese Punkte im Privatleben, vor allem aber im Beruf so konsequent wie möglich zu verwirklichen?

Ich erinnere mich, daß ...

Im Mittelpunkt dieser Methode steht, *die Erwartungen der Konfliktparteien bewußt und sichtbar zu machen.* Kleine Gruppen von maximal fünf Personen finden sich zusammen. Es wird ein kritischer Moment der Vergangenheit ausgewählt, den die Gruppe gemeinsam analysiert. Die Teilnehmer bereiten Antworten auf die folgenden Aufgabenstellungen vor, die im Anschluß gemeinsam besprochen werden:

Beschreiben Sie, was sich Ihrem subjektiven Empfinden nach damals konkret ereignet hat. Wer handelte, und wie hat er das getan? Wie haben andere darauf reagiert? Die Beteiligten verwenden bei der späteren Berichterstattung durchgehend eine der folgenden Anfangsformulierungen: „Meiner Erinnerung nach ..." und „Ich habe folgendes Bild ...".

Daraufhin stellt sich die Frage, welche Auseinandersetzungen die Konfliktbeteiligten in dieser kritischen Situation hatten. Es muß festgestellt werden, welches das Kernproblem des Konfliktes dabei war. Wie schauten die Erwartungen aus, die die Kontrahenten damals hatten? Was hatten Sie erhofft? Was befürchteten Sie bereits im voraus?

Nun geht es um die Erkenntnis: Welcher Motive, Einstellungen und Ziele sind sich die Konfliktparteien hinsichtlich dieser kritischen Situation bewußt? Woraus bestanden ihre Beweggründe? In wieweit sind diese Einstellungen dem Verhalten der Konfliktparteien adäquat zum Ausdruck gekommen? Sind nach Meinung der Kontrahenten Diskrepanzen zwischen den eigenen Absichten und Äußerungen aufgetreten?

Blind führen

Vor allem für Führungskräfte in Konfliktsituationen ist die Methode sehr gut geeignet. Ebenso kann diese Methode eine gute Hilfe und Klärung für die (An-)Führer von Konfliktparteien und deren Einstellungen zu ihren Hintermännern und -frauen sowie umgekehrt sein. Zeitraubendes und energiezehrendes Gerangel bleibt allen erspart. Aus einem der Person und der Situation nicht angemessenen Führungsverhalten entstehen viele unnötige Konflikte. Diese Aussage ist identisch mit der altbekannten Wahrheit: Der Fisch fängt am Kopf an zu stinken.

Der Mediator setzt diese Methode behutsam und feinfühlig ein und *verfolgt das Ziel, daß die Konfliktpartner Ängste feststel-*

len und überwinden, Initiativen wagen und Mißtrauen ab- und Vertrauen aufbauen. Diese Methode wird zunächst non-verbal durchgeführt, anschließend werden die Erfahrungen miteinander ausgetauscht.

1. Schritt: Der Mediator bildet Paare, die sich zunächst jeweils aus der eigenen Konfliktpartei zusammenfinden. Der Mediator achtet auf ein Gleichgewicht zwischen den Persönlichkeiten. Jeder läßt sich blind und ohne Worte, nur mit der Hand, von seinem Partner führen, 10 bis 15 Minuten lang. Dann führt er den Partner selbst, der seinerseits die Augen schließt, ebenfalls 10 bis 15 Minuten lang. Die Partner führen einander durch den Raum, durch das Gebäude und wenn möglich auch ins Freie. Der Führende soll den „Blinden" möglichst vielerei Situationen erleben lassen: kleine und große Hindernisse, gefährliche und risikolose Passagen; wenn es beiden Spaß macht, können sie auch miteinander laufen. Anschließend reden beide über ihre Erfahrungen. In der Regel macht diese Übung viel Spaß. Es kann aber auch vorkommen, daß einige Teilnehmer Angst davor haben, sich blind führen zu lassen. Dies muß der Mediator respektieren. Meist ist es aber so, daß dieses Ängstlich-Sein durch „Schummeln" – man blinzelt kurz – überwunden wird.

2. Schritt: Der Mediator schätzt das Konflikt-Klima ein und bietet diese Methode erneut an, mit der Offerte, auch Personen aus der Gegenpartei auszuwählen, von denen sie sich blind führen lassen bzw. die sie selbst einmal führen wollen. Dieses Angebot wird in der Regel gern aufgegriffen. Öfters wird dieser Wunsch von den Parteien auch selbst geäußert. Der Mediator macht auf die besondere Verantwortung aufmerksam, die der Führende hat. Es bedarf keiner eigenen Erwähnung, dennoch: Die Konfliktpartner müssen sich in einem Stadium befinden, das von der hoffnungsvollen Überzeugung getragen ist, daß eine Konfliktlösung – wenn auch noch nicht jetzt sofort – so doch in greifbarer Nähe ist.

VIII. Kapitel
Testen Sie Ihre Konfliktbereitschaft

1. Wie verhalte ich mich in Konflikt-Situationen?

Konflikte gibt es jeden Tag, an jeder Straßenecke und in allen möglichen Situationen. Lassen Sie Situationen vor Ihrem geistigen Auge Revue passieren, die in der Tat sehr konfliktträchtig waren. Und fragen Sie sich jetzt, wie Sie sich da verhalten haben. Wurde der Konflikt ohne irgendwelche Probleme gelöst? Dümpelte oder schwelte er eine längere Zeit vor sich hin? Oder kam es sogar zu einer Eskalation? Wie haben Sie sich verhalten? Die folgende Liste, die keinerlei Anspruch auf Vollständigkeit erhebt, soll Ihnen behilflich sein. Versuchen Sie, möglichst ehrlich und unvoreingenommen zu sich selbst zu sein. Schließlich schaut Ihnen niemand über die Schulter. Und jetzt zum persönlichen Verhaltenstest:

- Bei Problemen suche ich schnell das Gespräch.
- Grundsätzlich brauche ich Zeit zum Nachdenken.
- Ich kann alle, auch kontroverse Argumente sammeln und bewerten.
- Wenn ich nicht selbst betroffen bin, kann ich bei Problemen sehr gut schlichten.
- Ich möchte lieber überzeugen als überreden.
- Grundsätzlich beende ich Diskusionen, wenn ich erkenne, daß Teilnehmer unvorbereitet sind.
- Als von einem Konflikt Betroffener bin ich grundsätzlich kämpferisch.

- Manchmal bin ich (zu) defensiv.
- Ich bin in Konfliktsituationen voll konzentriert.
- Ich bin völlig unkonzentriert.
- Bei emotionalen Auseinandersetzungen versuche ich, so schnell wie möglich auf die Sachebene zurückzukehren.
- Ich werde aggressiv, wenn ich längere Zeit geduldig etwas hingenommen habe.

- Ich bin fast immer angespannt und nervös.
- Ich bin (leider) sehr verbissen.
- Ich verhalte mich häufig (sehr) ungerecht.
- Ich kann aufmerksam zuhören.
- Sofern ich nicht selbst betroffen bin, nehme ich grundsätzlich eine neutrale Haltung ein.
- Ich bin sachlich, ruhig und kompromißbereit.
- Ich vermeide grundsätzlich persönliche Angriffe.
- Ich bin abweisend und introvertiert.
- Eine Konfliktlösung ist bei mir nur unter Druck möglich.
- Bei einem Konflikt verhalte ich mich sehr zögerlich.
- Ein Konflikt ist grundsätzlich für mich unangenehm.
- Ich betrachte einen Konflikt als Chance zur Verbesserung.
- Bei einem Konflikt bewahre ich Ruhe, möchte Abstand gewinnen und in jedem Fall über alle Fakten informiert sein.
- Bei schwelenden Konflikten bin ich zunächst vorsichtig, doch dann wächst meine Konfliktbereitschaft.
- Grundsätzlich lasse ich nur meine eigene und keine andere Lösung gelten.
- Ich lasse dem Konfliktpartner die Chance, sein Gesicht zu wahren.

Hand aufs Herz, sind Sie jetzt erschöpft und auch genervt ob all dieser Fragen? Dabei war das doch nur ein winzig kleiner Ausschnitt aus der Palette aller möglichen Verhaltensweisen und -muster in Konfliktsituationen. Sofern Sie ehrlich zu sich selbst sind, werden Sie sich an eine Fülle weiterer Verhaltensweisen erinnern, die Sie während Ihrer vergangenen Konflikte an den Tag gelegt haben. Fragen Sie sich doch einmal, ob und inwieweit Sie in solchen Situationen wirklich Sie selbst gewesen sind. Oder vielleicht ein ganz anderer Mensch, der auf Grund seines außergewöhnlichen Verhaltens in einer Konfliktsituation von seiner beruflichen und sozialen Umgebung nicht mehr „erkannt" wurde. In einem Aufwasch sollten Sie dann auch analysieren, ob Ihr jeweiliges Verhalten „richtig" oder „falsch" gewesen ist, sachgerecht oder völlig „daneben". Sofern Sie bereit und fähig dazu sind, mit Konflikten offensiv umzugehen, werden Sie aus der Analyse Ihrer Verhaltensmuster grundsätzliche Lehren für künftige Problemsituationen ziehen können. Sicher, Sie werden auch dann nicht alles richtig machen. Vielleicht aber mehr als zuvor. In jedem Fall dürfte es Ihnen leichter fallen, einen Konflikt nicht eskalieren zu lassen, sondern ihn schon im Anfangsstadium einer sach-orientierten Lösung zuzuführen.

2. Wie empfinde und bewerte ich Konflikte?

Wichtig ist in diesem Zusammenhang auch die Frage, wie Sie selbst Konfliktsituationen empfinden und bewerten. Betrachten Sie Konflikte eher als Belastung, die Sie nicht mehr klar denken läßt? Oder sehen Sie darin eher eine Chance für Kreativität und Verbesserung? Und wieder präsentiere ich Ihnen eine Auswahl von Teilnehmer-Aussagen unterschiedlicher Empfindungs- und Bewertungsmuster, die Ihnen bei Ihrer Ehrlichkeit helfen soll.

Sie kennen sicherlich das alte Bonmot: Wenn zwei Juristen aufeinandertreffen, sind mindestens drei unterschiedliche Meinungen zu hören. Was nicht unbedingt daran liegt, daß die Gesetzeslage außerordentlich diffus ist. Nein, es gibt zu identischen „Sachverhalten" unterschiedliche Rechtsauffassungen. Und das ist gut so. Denn der Mensch ist nicht nur ein denkendes, er ist auch ein fühlendes Wesen. Demzufolge bewerten und empfinden unterschiedliche Menschen die gleiche Konfliktsituation auf verschiedene Weise. Machen Sie sich doch die Mühe, die folgende Liste – ehrlich – durchzuarbeiten und die Aussagen mit den Ihren zu vergleichen. Mag sein, daß Ihnen zum ersten Mal klar wird, wie Sie in bestimmten Situationen empfunden haben, auf welche Weise Sie vergangene Konflikte bewertet haben und weshalb dies so passiert ist.

- Konflikte sind für mich unangenehm, da meine Erziehung mir vorschreibt, daß gute Menschen keinerlei Probleme und Konflikte haben.
- Ich empfinde Konflikte als zeitaufreibend und störend.
- Konflikte sind notwendig, deshalb belasten sie mich nicht.
- Konfliktsituationen haben eine durch und durch situations- und beziehungsreinigende Wirkung.
- Ich leide unter Konflikten.
- Ich habe immer Mitleid mit meinem Konfliktgegner.
- Auch der kleinste Konflikt belastet mich.
- Fast immer sind Konflikte lehrreich für mich.
- Einen Konflikt zu lösen kann sehr befriedigend sein.
- Konflikte stärken meist den Zusammenhalt.
- Ein Konflikt ist anregend.
- Fast immer stören Konflikte den Betriebsablauf.
- Ich empfinde bei Konflikten einen „Lustgewinn“.
- Noch empfinde ich bei Konflikten keinen „Lustgewinn“.
- Konflikte sind grundsätzlich unvermeidbar.
- Ein Konflikt sollte immer zu einer guten Lösung führen.
- Wo Konflikte fehlen, wird nicht um das Optimum gerungen.
- Sofern ich selbst von einem Konflikt betroffen bin, ist dieser negativ für mich, da ich Unsicherheit über dessen Ausgang habe. Mitunter empfinde ich sogar Angst.

- Sofern ein Konflikt nicht gelöst wird, verursacht das bei mir Frustrationen.
- Durch einen Konflikt fühle ich mich zunächst in meinem Harmoniebedürfnis gestört.
- Grundsätzlich ist ein Konflikt positiv, da er die Initialzündung zur Kommunikation gibt.
- Konflikte sind fast immer hausgemacht und deshalb schnell lösbar.
- Konflikte haben (bekommen) bei mir eine zeitliche Priorität.
- Ich betrachte einen Konflikt als Störung von Kooperation und/oder Kommunkation.
- Konflikte beinhalten grundsätzlich Konfrontationen, die ich nicht ertragen kann.
- Eine Beilegung fällt um so schwerer, je weiter ein Konflikt eskaliert ist.

Sind Sie jetzt immer noch davon überzeugt, daß fast jeder Konflikte hat, aber Sie nicht? Oder ist Ihnen allmählich klar geworden, daß Probleme und Auseinandersetzungen auch für Sie die natürlichste Sache der Welt sind? Und daß es schon häufig Situationen gegeben hat, bei denen Sie so empfanden wie oben nachgefragt. *Merke: Konflikte sind nicht zu verhindern.* Man sollte es erst gar nicht versuchen, sondern ihnen bis zu einer bestimmten Grenze freien Lauf lassen, um das Potential, was in ihnen steckt, möglichst vollständig ausschöpfen zu können. Für die Konfliktbeteiligten kommt es einzig und allein darauf an, daß Sie diese Tatsache als solche akzeptieren, die Auseinandersetzung als Chance betrachten und sich ihrer Empfindungen und Bewertungen möglichst ehrlich bewußt sind. Dann erst wird der Konflikt Bestandteil strategischer Kompetenz.

3. Ein typischer Konfliktverlauf?

Menschen sind sehr sensibel, wenn es um ihre eigenen Belange und Interessen geht. Wie ein Seismograph registrieren sie Strömungen und kleinste Veränderungen. Deshalb ist es um so erstaunlicher, daß viele nicht fähig sind, einen Konflikt zu erkennen. Oder will man ihn einfach nicht wahrnehmen? Wie dem auch sei, es gibt ein Menge Indizien, die darauf schließen lassen, daß eine harmlos begonnene Auseinandersetzung inzwischen zum handfesten Konflikt mutiert ist. Aus dem Problemchen wir das Problem, das Problem entwickelt sich zu einer fortwährenden Reiberei, und aus dieser resultiert zum Schluß das konfliktträchtige Chaos. Achten Sie deshalb auf unübersehbare Orientierungsmarken, die ein Konflikt setzt. Nach dem Motto: Früh erkannt, schnell gebannt.

Ablehnung und Widerstand

Man akzeptiert Sie nicht mehr. Ihr Chef mäkelt andauernd an Ihrer Arbeit herum, die Kollegen verhalten sich auffallend widerborstig. Sie selbst fragen sich, was denn eigentlich los ist. Ihre Motivation sinkt zusehends. Sie machen ihre Arbeit nicht mehr sorgfältig. Schlampigkeit ist an der Tagesordnung. Die Ziele, die Ihnen von oben gesetzt wurden und die Sie sich selbst gesteckt haben, können Sie immer weniger erreichen. Ihre Arbeit wird ineffizient, sie macht keinen Spaß mehr. Kommunikation mit anderen, sowohl nach oben als auch auf der gleichen hierarchischen Ebene, nahezu gleich null. Sie nehmen Informationen nicht mehr bewußt wahr, und wenn, dann geben Sie sie einfach nicht mehr weiter.

Rückzug und Desinteresse

Zunehmend ist Ihnen alles gleichgültig. Ihre Arbeitsmotivation ist zwar noch nicht ganz unten, doch sie nähert sich bedenklich dem Tiefstpunkt. Sie sind frustriert, zweifeln an sich selbst, mehr noch an allen anderen in Ihrer Umgebung. Sie fühlen sich verfolgt und meinen, keinen einzigen Freund und nur noch Feinde zu haben. Sie schotten sich ab, verschließen sowohl Ihren Verstand als auch Ihre Gefühle. Mittlerweile legen Sie kaum noch Wert auf Kommunikation, das Aufeinanderzugehen. Sie denken: Was soll das alles? Und: Was soll ich überhaupt noch hier?

Gereiztheit, Aggressivität und Feindseligkeit

Überall treffen Sie auf Widerspruch. Ehemals gute Kollegen, ja Beinahe-Freunde sind inzwischen Ihre Feinde, vielleicht sogar Monster. Jeder zeigt Ihnen die „kalte Schulter“, Sie treffen auf Ablehnung. Manch einer hat vergessen, daß er mit Ihnen zusammenarbeitet, man legt keinen Wert mehr darauf, sich mit Ihnen abzugeben. Mehr oder weniger kleine Sticheleien sind an der Tagesordnung. Wie Nadelstiche pieksen sie hier, und sie pieksen dort. Aber so richtig schmerzen sie noch nicht. Aber was nicht ist, kann leider noch werden.

Intrigen und Gerüchte

Sie können es nicht fassen, die vormals latente ist in eine offene Feindseligkeit umgeschlagen. Man denunziert Sie, läßt keine gutes Haar an Ihnen und versucht, Sie durch üble Nachrede fertigzumachen. Das Heer der Feinde wächst zusehends. Sie sehen sich einer immer größer werdenden Schar von Aggressoren gegenüber. Man behindert Sie offenkundig, würdigt Sie selbst als Person und Ihre Arbeit herab. Man möchte Sie loswerden, für Sie ist keine Platz mehr im Unternehmen. Ziehen Sie endlich Leine!

Sturheit und Unnachsichtigkeit

Sie verstehen die Welt nicht mehr. Nicht im entferntesten hätten Sie damit gerechnet, daß Ihnen so etwas widerfahren kann. Dabei haben Sie sich doch immer kollegial verhalten, Ihre Arbeit war mehr als gut, Sie haben hervorragende Leistung gebracht. Selbstverständlich denken Sie in keiner Sekunde darüber nach, ob die Ursache des Verhaltens in Ihrer Umgebung auch und nicht zuletzt bei Ihnen selbst zu suchen ist. Weshalb auch? An Ihrem eigenen Verhalten gab es doch bis dato nichts auszusetzen. Nun machen Sie sich auf die Suche nach Schuldigen. Ihr Chef ist, jetzt hat er es endlich bewiesen, ein altes Ekel. Von den Kollegen und Kolleginnen haben Sie sowieso schon längst gewußt , daß die für Ihre eigenen Karrieren über Leichen gehen. Alle haben Schuld, nur Sie allein tragen keinerlei Verantwortung. Doch was die anderen können, gelingt ihnen schon längst. Sie kapseln sich ab, sind endlich mal der Egoist, der Sie schon immer sein wollten. Nun nehmen auch Sie auch keine Rücksicht mehr auf andere, das eigene Wohl und Wehe steht im Vordergrung. Egal ob Sie dabei auch über Leichen gehen müssen. Warum sollen ausgerechnet Sie klein beigeben und sich anders verhalten als Ihre Umgebung?

Formalität und Überkonformität

Sie halten es nicht auf Dauer durch, den „tough guy" zu mimen. Dafür sind Sie einfach nicht stark genug, haben nicht ausreichend Stehvermögen. Dann versuchen Sie es eben auf die sanfte Tour. Sie sind überfreundlich, fast schleimig-anbiedernd. Bei allem, auch der kleinsten Kleinigkeit zeigen Sie starkes Interesse. Nur, das ist nicht immer angemessen. Sie heucheln, flunkern und schummeln, daß sich die Balken biegen. Doch Sie sehen es überhaupt nicht ein, die ganze Arbeit alleine zu erledigen. Ungeachtet des überbetonten Interesses werden Sie tatsächlich faul, delegieren lieber, statt zu agieren. Bürokratie hat doch auch etwas Gutes. Sie leisten Dienst nach Vorschrift, kommen pünktlich, gehen noch pünktlicher. Bevor Sie eine Arbeit übernehmen, prüfen Sie zuerst einmal Ihre Zuständigkeit. Von Flexibilität und Kooperationsbereitschaft keine Spur. Wer sich darüber aufregt und Ihr Verhalten deshalb kritisiert, dem entgegnen Sie: Ihr habt es doch nicht anders gewollt. Doch bei allem, was Sie tun und lassen, achten Sie penibel darauf, daß Ihnen niemand an „den Karren" fahren kann.

Körperliche Symptome und Krankheiten

Es ist nicht verwunderlich, daß Sie sich allmählich nicht mehr wohl in Ihrer Haut fühlen. Sie kränkeln, Sie werden krank. Der Streß wächst von Tag zu Tag, er macht Sie fertig. Inzwischen hat Ihr Arzt bereits erhöhten Blutdruck festgestellt, Ihr Immunsystem ist geschwächt. Jeden Morgen die gleiche Frage: Weshalb soll ich noch ins Büro? Ein paar Tage gelingt es Ihnen noch, sich zusammenzureißen. Doch wenig später ist jeder Widerstand zwecklos. Den ersten Wecker überhören Sie, den zweiten ebenfalls. Sie bitten Ihre Frau/Ihren Mann, in der Firma anzurufen und Sie krank zu melden. Ein paar Tage „blau machen" und sich ausruhen haben noch niemandem geschadet. Ja, man kann sich richtig dran gewöhnen. Und aus dem vorübergehenden Ausruhen wird mit der Zeit tägliches Geschäft. Kurz darauf gehen Sie zwar wieder in den Betrieb, aber die Situation ist völlig unerträglich. Zwischendurch ein Bierchen? Vielleicht zwei oder drei Schnäpse? Nicht zu vergessen die Beruhigungstabletten, die Sie immer dann nehmen, wenn Sie sich wieder einmal so richtig aufgeregt haben. Eigentlich könnten Sie sich erneut für ein paar Tage in eine Krankheit verabschieden. Oder dann doch kündigen? Oder warten, bis der Betrieb Sie rausschmeißt?

Wie Sie sehen, es gibt eine Fülle von Indizien und Hinweisen dafür, daß Sie sich mitten in einem Konflikt befinden. Nun kommt es ganz auf Sie allein an, ob die Probleme Sie beherrschen oder umgekehrt. Sobald ein Konflikt droht, Macht über Ihr Handeln, Denken und Fühlen zu gewinnen, sollten Sie so schnell wie möglich gegensteuern. Solange Sie nur auf Ablehnung und Widerstand stoßen, sich selbst zurückziehen und sich Desinteresse bei Ihnen breitmacht, können Sie immer noch einen Konflikt aus eigener Kraft lösen. Sobald die Probleme aber Psyche und Physis angreifen, geht in aller Regel ohne externe Hilfe gar nichts mehr.

IX. KAPITEL

Konflikt-Geschichten, die das (Berufs-)Leben schreibt

Wann haben Sie sich das letzte Mal so richtig aufgeregt? Über Ihren Chef beispielsweise. Oder die Kollegen. Mag sein, daheim in der Familie über Ihre Kinder, die es partout nicht einsehen, daß sie auch Pflichten und nicht nur Rechte haben. Und vergangenen Samstag schwoll Ihnen die Halsader, als Sie nach Jahren zum ersten Mal wieder im Stadion Ihres Heimatvereins gewesen sind. Und über Politiker und Parteien können Sie sich sowieso an einem Stück aufregen.

Sind das alles schon Konflikte? Sicher nicht! Offensiv mit Konflikten umgehen und in jedem Fall solche Konflikte möglichst sachlich zu lösen ist das eine. Aber Sie sollten nicht mit Kanonen auf Spatzen schießen. Ein Konflikt ist nun einmal etwas Herausragendes im menschlichen Zusammenleben in jeder wie auch immer gearteten sozialen Beziehung. Da gibt es aber auch noch Pannen, Reibereien, einfache Meinungsverschiedenheiten. Alles Kleinigkeiten, die sich gleichsam im Handumdrehen beilegen lassen. Aber auch unterschiedliche Interessen, fairer Wettbewerb, gesunde Konkurrenz sind nicht das, was man berechtigterweise als „Konflikt“ bezeichnen darf. Sind zwei Kollegen, die kontrovers miteinander umgehen, bereits Konfliktparteien? Sind Sie selbst, sofern Sie Ihren Standpunkt mit Vehemenz vertreten, bereits ein Streithansel?

Konflikte zu tabuisieren und somit defensiv mit ihnen umzugehen, ist sicherlich falsch. Zu warnen ist aber gleichzeitig vor einer neuen Konflikt-Mode. Klar, es hat einen gewissen Schick, einen Konflikt zu konstatieren. Nicht zuletzt deshalb, weil der

Konstatierende als Konflikt-Experte von der Aura des Intellektuellen umgeben ist.

Merke: Nicht überall, wo „Konflikt" draufsteht, ist auch Konflikt drin. Deshalb möchte ich Ihnen auf den folgenden Seiten einige prägnante Konfliktsituationen aus selbst erlebter Praxis präsentieren. Denn es wäre genauso falsch, oft sogar fatal, Konflikte ins Reich der Anekdoten zu verweisen.

1. Betriebsrat und Firmenleitung

Bei dieser Konstellation sind Konflikte gleichsam systemimmanent. Denn es liegt in der Natur der Sache, daß die Personen auf Grund der unterschiedlichen Interessenlage immer wieder aneinandergeraten. Zumal ein solcher Konflikt in aller Regel eine außerordentliche Komplexität aufweist. Es ist nämlich nicht damit getan, daß sich da die Vertreter zweier unterschiedlicher Interessengruppen gegenüberstehen, die sich nach dem üblichen Geplänkel zum Schluß immer noch geeinigt haben. Außerordentliches Konfliktpotential erwächst auch aus der Doppelfunktion des Betriebrates bzw. des Betriebsratsvorsitzenden.

Zum einen ist er der Sprecher der Belegschaft, die ihm das Mandat übertragen hat, mit aller Macht, sämtlichen Finessen und Kniffen die Arbeitnehmerseite zu vertreten. Zugleich, und das wird bei solchen Konflikten häufig vergessen, ist der Betriebsrat aber auch Mitarbeiter des Unternehmens. Er hat einen bestimmten Aufgabenbereich und ist verantwortlich dafür, daß Ziele erreicht werden und die Fehlerquote gering bleibt. Hier handelt es sich demnach um einen typischen Intra-Rollenkonflikt. Dieser hat naturgemäß Auswirkungen auf das Gegeneinander oder das Miteinander der handelnden Konfliktparteien.

Fast spiegelbildliche Verhältnisse auf der Gegenseite. Als Verhandlungsführer hat die Firma den Personalchef mandatiert.

Auch er ist ein „Sandwich-Man". Auf der einen Seite mit dem Auftrag ausgestattet, für seine Firma das Best-Mögliche herauszuholen. Auf der anderen Seite ist er trotz seines hierarchischen Status als Führungskraft in gewisser Weise immer noch ein „Kollege". Zumal dann, wenn er sich seit seiner Lehrlingszeit im Unternehmen bis in eine Spitzenposition hochgedient hat. Da gibt es gewachsene persönliche Kontakte mit etlichen Mitstreitern, denen es nicht gelungen ist, die Karriereleiter nach oben zu klettern. Und nicht zuletzt muß der Personalchef seinen Kopf dafür hinhalten, daß es in personeller Hinsicht im Unternehmen reibungslos läuft. Somit bekommt auch er Druck von zwei Seiten. Genau wie sein „Gegenspieler" und Verhandlungspartner, der Vorsitzende des Betriebsrats.

Was tun in einer solchen Situation? Der Konflikt ist programmiert. Fast täglich. Es geht beispielsweise darum, zehn Prozent der Belegschaft zu entlassen. Die Personalkosten drücken derart auf das Ergebnis des Unternehmens, daß ein langfristiges Überleben nicht gesichert ist. Mit dem Betriebsratsvorsitzenden ist eine Massenentlassung selbstverständlich nicht zu machen. Wie soll er das seiner Seite verkaufen. Ein anderes Beispiel: Das Unternehmen hat einen überdurchschnittlich hohen Krankenstand. Zwar wird seit Monaten Ursachenforschung betrieben, aber so richtig weiß noch niemand, woran es liegt. Doch eins steht fest: Die Firma kann sich eine solch hohe Ausfallquote nicht mehr lange leisten. Das wird zu teuer. Von einschneidenden Maßnahmen ist die Rede, von Druck und und Kontrolle. Und in einem Aufwasch will die Firmenleitung auch die Lohnfortzahlung im Krankheitsfall einschränken. Die gesetzliche Handhabe dazu hat sie jedenfalls. Ein Reizthema für die Belegschaft. Der Betriebsratsvorsitzende wurde aufgefordert, in diesem Punkt völlig kompromißlos zu sein.

Ein drittes und letztes Beispiel: Dem Unternehmen geht es gut, am wirtschaftlichen Erfolg sollen auch die Mitarbeiter durch Gehaltserhöhung beteiligt werden. Aber nicht jeder Arbeitnehmer soll dabei sein: Gleichmacherei ist der Geschäftsführung ein Graus. Sie behält sich deshalb vor, selbst zu bestimmen, wer mehr Geld bekommt und wer nicht. Ein Unding für den Betriebsrat. Selbstverständlich haben alle Anspruch auf eine Sonderzahlung oder außertarifliche Gehaltsanpassung, weil jeder einen Anteil am Erfolg der Firma hat. Doch damit ist die „obere Etage“ nicht einverstanden. Sie möchte das Machtinstrument „Gehaltserhöhung“ nicht aus der Hand geben. Einmal mehr ist der Konflikt vorprogrammiert.

Klar, daß es nicht dabei bleiben kann. Der Konflikt, ganz gleich wie er aussieht, muß gelöst werden. Denn die Konsequenzen ungelöster Konflikte sind fatal. So lähmt die Entlassung von Mitarbeitern die gesamte Belegschaft. Angst am und um den Arbeitsplatz macht sich breit, Frustration und De-Motivation nehmen überhand. Schließlich kann es in den nächsten Monaten jeden treffen. Folgerichtig sinkt auch die Leistung, Fehler häufen sich, Kunden werden zunehmend unzufrieden.

Die Angst um den eigenen Arbeitsplatz und damit die eigene Existenz schlägt mit der Zeit um in Wut, Haß und eine Fülle weiterer negativer Emotionen. Die „kleinen Leute“ sind sich sicher, daß die Personalentlassung nicht die Entscheider und Führungskräfte treffen wird. Die „Häuptlinge“ sind verantwortlich für das Mißmanagement, doch die „Indianer“ werden „geköpft“. Es tickt eine Zeitbombe im Unternehmen. Bei jedem, der fürchtet, irgendwann betroffen zu sein, gewinnen Ohnmachtsgefühle zunehmend Raum. Ganz gleich, wie gut man ist, wie erfolgreich und fehlerlos man in den vergangenen Jahren gearbeitet hat, all das nützt jetzt nichts mehr. Die Menschen fürchten sich vor dem „schleichenden Tod“. Es kommt zu unterschiedlichen Reaktionen, abhängig von Charakter und Mentalität der Betroffenen. Die einen mucken auf, leisten Widerstand, sind aggressiv und versuchen in der Ausweglosigkeit ihrer Situation dem Unternehmen zu schaden. Ein völlig entgegengesetztes Verhalten ist bei anderen zu beobachten. Sie zeigen sich unterwürfig und autoritätsgefügig. Bis zur Selbstaufgabe verleugnen sie eigene Standpunkte und das eigene Ich, mit dem Ziel, doch noch ihren Arbeitsplatz zu retten. Nicht verwunderlich, daß diese Verhaltensweise bei Kolleginnen und Kollegen, die sich eher kämpferisch geben auf vergleichsweise wenig Verständnis trifft. Es treffen demnach arbeitsplatzerhaltende und arbeitsplatzvernichtende Einstellungen auf Arbeitnehmerseite aufeinander. Konflikte dieser Art werden sehr oft mit Entlassungen, Aufhebungsvereinbarungen und anderen Freisetzungsalternativen beendet. Solche Aktivitäten sind in der Vergangenheit immer wieder als probate Mittel zur Konfliktlösung angewandt worden. Doch sachgerecht sind sie nicht. Denn niemand sollte glauben, daß der Friede im Unternehmen danach wieder hergestellt ist. Im Gegenteil, der Konflikt ist nicht beendet, höchstens für ein paar Tage oder wenige Wochen aufgeschoben.

Eine endgültige Konfliktlösung aus eigener Kraft und mit eigenen Mitteln liegt zwar im Bereich des Möglichen. Doch die Praxis zeigt ein anderes Bild. Die Fronten sind verhärtet, die Konfliktparteien alles andere als bereit, aufeinander zuzugehen. In aller Regel kann es allein mit Hilfe des Mediationsverfahrens gelingen, eine Lösung zu erarbeiten, mit der die Parteien unter den gegebenen Umständen zufrieden sein können. Hinter der Absicht, Personal zu entlassen, steht das große wirtschaftliche Interesse der Kostensenkung. Mit weniger finanziellem Aufwand versucht das Unternehmen mehr Gewinn zu erzielen. Oft wird diese Intention verwechselt mit der Gier der Unternehmenseigner nach noch mehr Ertrag, Dividende, Gewinnbeteiligung in allen möglichen Formen. Mag sein, daß diese Betrachtungsweise hin und wieder zutrifft. Zumal es sicher eine Reihe stimmiger Indizien dafür gibt.

Aber kann es nicht auch sein, daß ein Unternehmen angesichts des immer härter werdenden Wettbewerbs einfach um's nackte Überleben kämpfen muß. Die Konfliktbeteiligten müssen sich in diesem Zusammenhang demnach zurecht die Frage stellen lassen, ob sie mehr daran interessiert sind, ihre eigene Position durchzusetzen. Oder ob ihnen daran liegt, den Fortbestand des

Unternehmens sicherzustellen und dadurch soviele Arbeitsplätze wie möglich zu retten. Maximalforderungen sind sicher nicht durchsetzbar. Doch im Endeffekt wird es sich aller Erfahrung nach erweisen, daß das große Ganze, so hart dies auch sein mag, wichtiger ist als das – in diesem Fall – engstirnige Beharren auf Vollbeschäftigung.

Die Vorschläge zur Konfliktlösung, die im Rahmen der Wirtschafts-Mediation von den Konfliktbeteiligten herausgearbeitet werden, müssen mit den Unternehmenszielen konform gehen bzw. diese unterstützen. Dabei kommt es darauf an, auch der Arbeitnehmerseite zu vermitteln, daß das Unternehmensziel im Grunde weitgehend konform mit den eigenen Zielen ist. Dem Mediator fällt somit die Aufgabe zu, auf beiden Seiten des Tisches die emotionalen Aspekte des Konflikts von den sachlichen sauber zu trennen. Zwar soll all das, was mit Gefühl, Empfindung, möglicherweise Aggressivität und auch Vor-Urteil zu tun hat, nicht gänzlich unter den Teppich gekehrt werden. Aber das Besinnen auf das Wesentliche muß unbedingt in den Vordergrund rücken. Dadurch unterscheidet sich Wirtschaftsmediation von anderen Mediationsformen.

Nehmen wir an, Betriebsrat und Unternehmensleitung kommen gemeinsam überein, zur Lösung ihres Konflikts einen externen Berater hinzuzuziehen. Was im übrigen völlig üblich ist. Denken Sie nur an die übergeordneten Tarifauseindersetzungen zwischen Gewerkschaften und Arbeitgeberverbänden. Sobald etliche Tarifrunden zu keinem Ergebnis geführt haben, die Positionen verhärtet sind und niemand Kompromißbereitschaft zeigt, wird ein „Schlichter“ mit der Tarif-Konfliktlösung beauftragt. Dabei handelt es sich meist um eine angesehene Person aus Wirtschaft oder Politik, die von allen Konfliktbeteiligten auf Grund ihres Renommees akzeptiert wird. Auch dieser „Schlichter“ ist eine Art Mediator, der durch Einzelgespräche sowie am „runden Tisch“ versucht, unterschiedliche Positionen auszuloten, um abschließend in seinem „Schlichterspruch“ einen weitgehend einvernehmlichen Konfliktlösungsvorschlag zu unterbreiten.

Bei einer direkten Auseinandersetzung zwischen Betriebsrat und Unternehmensführung bedarf es im Grunde keines ehemaligen Außenministers, Fraktionschefs oder wirtschaftspolitischen Sprechers als Mediator. Ein erfahrener Unternehmens- und Managementberater, der seit Jahren erfolgreich Wirtschafts-Mediation praktiziert, reicht völlig aus. Und in den meisten Fällen wird es zu einer einvernehmlichen Konfliktlösung kommen. Mit der Folge, daß bei allen Konfliktbeteiligten Erleichterung und Zufriedenheit herrschen. Man ist sich sicher, gute und konstruktive Arbeit geleistet zu haben. Zwar konnte keiner der Kontrahenten die eigenen Ziele hundertprozentig durchsetzen, aber mit Hilfe eines Kompromisses ist gelungen, das jeder sein Gesicht gewahrt hat. Ein Erfolg bei der gemeinsamen Konfliktlösung hat eine durchaus pädagogische Wirkung. Denn die Kontrahenten erkennen, daß Konflikte nicht *per se* negativ sind. Aus den aktuellen Erfahrungen ziehen sie Lehren für künftig ähnlich schwierige Situationen.

Was sollte dagegen sprechen, spätere Konflikte genauso erfolgreich beizulegen wie jetzt? Auffallend ist, das haben Interviews nach Mediationsverfahren ergeben, daß die Angst vor Konflikten bei den Konfliktbeteiligten geringer wird, sobald man es geschafft hat, seine Auseinandersetzungen beizulegen. Man ist zuversichtlich, doch noch an einem Strang zu ziehen. Aus der Konfliktlösung resultiert sowohl auf Arbeitnehmerseite als auch bei der Unternehmensleitung eine hohe Motivation, da eine schwierige Situation erfolgreich gemeistert worden ist. Paradox, aber wahr: Ein erfolgreicher Mediator hat keinerlei Zukunft. Denn Ziel seiner Arbeit muß es sein, daß er sich selbst zunehmend überflüssig macht. Je nachhaltiger und besser er es macht, den Anfangskonflikt zu lösen, desto eher werden die Konfliktparteien zukünftig ohne seine Hilfe auskommen können. Dies erkennen auch die Kontrahenten, weil dadurch ihr Selbstbewußtsein und das Vertrauen in die eigene Kompetenz und Leistungskraft gestärkt werden. Dennoch gilt auch hier, wie so oft, die Devise: Aller Anfang ist schwer. Die Konfliktbeteiligten müssen sich zuerst einmal daran gewöhnen, daß die Auseinandersetzung allein mit externer Unterstützung beigelegt werden kann. Deshalb sind Nachfolgetreffen, in deren Rahmen über die Lösungserfahrungen diskutiert wird, zumindest anfangs unbedingt erforderlich. Dadurch erarbeiten sich die Konfliktbeteiligten eine weitgehende Autonomie, damit sie spätere Auseinandersetzungen völlig autark beilegen können.

2. Außendienst und Innendienst

Eine typische Situation: Da gibt es einen uralten Verkäuferhasen. Vornehm formuliert: den langjährigen Außendienstmitarbeiter. Er ist mit allen Wassern gewaschen, läßt auch mal fünf gerade sein. Selbstverständlich außerordentlich erfolgreich. Er schreibt gigantische Umsätze, die besten im ganzen Unternehmen. Auch zu seinen Kunden hat er ein hervorragendes Verhältnis. Wenn er unterwegs ist, rennt er offene Türen ein. Kurz und Gut: Er ist ein absoluter Power-Seller. Und das merkt man ihm auch an. Denn der Umgang mit ihm ist nicht gerade einfach. Eine gewisse Arroganz kann er sich nicht verkneifen. Doch er ist fest davon überzeugt, daß diese ihm auch zusteht. Er vertritt die einfache und sehr prägnante Auffassung: Der Außendienst an der Front ist alles, der Innendienst in der Hauptverwaltung seines Unternehmens soll lediglich Handlangerarbeiten verrichten. Wenn er nicht wäre, hätten die Stubenhocker in ihren Büros keinerlei Existenzberechtigung. Ist da seine Forderung wirklich so vermessen, daß alle nach seiner Pfeife und nach sonst keiner tanzen sollen.

Keine Frage, er präsentiert sich fortwährend wie aus dem Ei gepellt. Er ist gepflegt, sehr gut und modisch gekleidet, in jeder Sekunde hochmotiviert und immer sehr freundlich. Hin und wieder macht er Termine mit Mitarbeitern des Innendienstes.

Zu sagen, daß man sich auf seinen Besuch wirklich freut, wäre übertrieben. Doch die ihm wohlbekannten Aversionen fechten ihn nicht an. Wenn er Termine in der Hauptverwaltung hat, erscheint er grundsätzlich zu den üblichen Pausenzeiten. Mit Vorliebe zwischen 9 und 9.15 Uhr bzw. 12 und 12.30 Uhr. Nein, er meint das nicht böse und möchte durch diese Terminierung auch nicht provozieren. Er denkt, daß er gerade zu diesen „Ruhezeiten" alle antrifft und jeder deshalb Zeit für ihn hat. So stellt er sich effizientes Arbeiten vor. Zeit ist Geld für ihn, und danach haben sich alle zu richten. Schließlich werden die Schreibtisch- und Stubenhocker ja durch seine Arbeit und durch seinen Erfolg finanziert.

Die Mitarbeiter des Innendienstes sehen die ganze Sache ein wenig anders. Sein selbstsicheres, ja durch und durch arrogantes Auftreten widert sie an. Das penetrante Auftauchen während der Pausenzeiten empfinden sie nicht als Effizienz, sondern als eklatante Störung. Allerdings ist es fast völlig unmöglich, mit ihm darüber in einem vernünftigen Ton zu reden. Er läßt keine Gegenargumente zu, er ist rechthaberisch und überheblich. Immer häufiger ist in der Verwaltung zu hören, daß er einfach ein „Kotzbrocken“ sei.

Ein Konflikt, der sich so oder nur ein wenig anders täglich tausende Male in deutschen Unternehmen abspielt. Es handelt sich um den typische Außendienst- Innendienst-Konflikt. Auf der einen Seite der erfolgreiche Verkaufs-Sunnyboy, ohne dessen Einsatz die Firma schon längst Pleite wäre. Auf der anderen Seite die Innendienstler und Sachbearbeiter mit geregelter Gleitzeit zwischen 7 und 18 Uhr, die sich fast wie die Parasiten von den Leistungen des Außendienstes ernähren und eigentlich Trockenbrot essen und abgestandenes Wasser trinken müßten. Ein Konflikt, der aus eigener Kraft praktisch nicht zu lösen ist.

Die Innendienstler ziehen naheliegende Konsequenzen. In den üblichen Pausen sind sie einfach nicht mehr anzutreffen. Spaziergang hier, Schwätzchen dort, eilige Besorgung anderswo. Ein übler Ruf eilt dem erfolgreichen Außendienstler voran. Er wird gemieden, ist in der Hauptverwaltung isoliert. Die Innendienstler schalten auf stur. Aufgaben, die man unter normalen Umständen und im Rahmen einer normalen kollegialen Beziehung erledigen könnte, werden einfach nicht angenommen. Man sei nicht zuständig, im Moment gehe es leider nicht, vielleicht morgen, mag sein übermorgen, wenn überhaupt in drei Wochen. Der erfolgsverwöhnte Mensch beißt auf Granit, trifft jedes Mal auf eine Betonwand. Man läßt ihn schlichtweg auflaufen. Verständlich, daß die ganze Firma einschließlich der Kundschaft unter dem Miß-Verhältnis Außendienst-Innendienst leidet.

Wer jetzt noch davon überzeugt ist, daß sich ein solcher Konflikt problemlos und aus sich selbst heraus lösen läßt, der irrt ganz gewaltig. Mediation hat sich in der Praxis als einziges, funktionierendes Instrument zur Beilegung des Konflikts erwiesen. Dem Mediator obliegt die Aufgabe, in Einzelgesprächen mit den Kontrahenten das Konflikt-Terrain zu sondieren. Es stellt sich zunächst als ein wichtiges Ergebnis heraus, daß es im Innendienst vornehmlich „nur“ zwei Mitarbeiter waren, die direkt mit diesem Problem konfrontiert waren. Die allgemeine negative Meinung über den Außendienstmann hatte sich – wie üblich – vom Hörensagen gebildet. In der Vor-Mediation klärte der Mediator ab, inwieweit die betroffenen Innendienstmitarbeiter bereit waren, ernsthaft über positive Eigenschaften ihres „liebsten Feindes“ nachzudenken. Ungeachtet der negativen Darstellung, die jeder von ihm abgegeben hat.

Und siehe da, man sollte es nicht glauben, es gab durchaus Positives über den Außendienstler zu berichten. Er ist stets sehr gut gekleidet, das wissen wir bereits. Er ist gepflegt und sauber, immer verbindlich und zuverlässig. Auch das ist bekannt. Im Unternehmen ist er der beste Einzelumsetzer. Die Firma könnte deshalb mit Sicherheit nicht auf ihn verzichten. Auch um das festzustellen, brauchen die Innendienstler nicht über den eigenen Schatten zu springen. Der Kollege vom Außendienst hat außerdem hervorragende kommunikative Fähigkeiten. Die etablierte Kundschaft vertraut ihm, arbeitet schon seit langen Jahren mit ihm zusammen. Neue Kunden weisen ihm nicht die Tür. Im Gegenteil, sein sicheres und verbindliches Auftreten führt zu einer überdurchschnittlich guten Erfolgsquote bei der Neu-Akquise. Man sollte es einfach nicht glauben, meinte einer der beiden Innendienstmitarbeiter, Herr XY ist sogar sehr hilfsbereit und flexibel.

Nachdem der Mediator in dieser Vor-Mediation festgestellt hat, daß der Außendienstler bei dem Innendienstmitarbeiter nicht als die Inkarnation des Bösen dasteht, beschäftigt er sich daraufhin mit jenem Menschen, dem noch Wochen zuvor ausschließlich schlechte Eigenschaften angedichtet worden waren. Der erfolgreiche Außendienstmitarbeiter soll ebenso in einer Vor-Mediation zusammen mit dem Mediator positive Dinge an dem bzw. den Innendienstarbeiter(n) finden. Er denkt angestrengt nach, ist zunächst wenig begeistert von diesem Vorschlag. Dennoch stimmt er zu. Und nicht verwunderlich ist, daß der Erfolgreiche nach kurzer Zeit ebenfalls das eine oder andere gute Haar an den Kollegen in der Hauptverwaltung findet.

Die Ergebnisse in dieser Vor-Mediation waren eine hervorragende Grundlage für ein klärendes gemeinsames Gespräch zwischen den betreffenden Innendienstlern und dem Außendienstmitarbeiter. Es konnten unter Anleitung des Mediators Mißverständnisse und Vorurteile ausgeräumt werden. Eine konstruktive Zusammenarbeit zwischen Außendienst und Innendienst war nach einiger Zeit wieder möglich. Die Konfliktpartner zeigten sich sogar verwundert darüber, daß man jahrelang mit diesem Konflikt überhaupt hat arbeiten können. Wie konnte der Außendienstler derart erfolgreich sein, wo man ihn im Innendienst doch fortwährend Knüppel zwischen die Beine geworfen hatte. Und wie konnte der Innendienst nahezu reibungslos funktionieren, da er doch eigentlich die Notwendigkeit einer Zusammenarbeit gar nicht gesehen hatte. Nach weiteren erfolgreichen Nachgesprächen ergab sich eine sachliche, durchaus harmonische Kooperation zwischen Innendienst und Außendienst. Die Unternehmensleitung schloß an diese Mediation ein weiterführendes „Außendienst-Innendienst-Projekt" an, um ähnliche Pannen zu vermeiden. Es wurden konkrete Maßnahmen gemeinsam mit dem gesamten Außendienst und Innendienst erarbeitet.

3. Selbstbestimmung und Fremdbestimmung

Wieder eine typische Situation. Da haben wir einen Unternehmenschef, der unglaublich harmoniebedürftig ist, ja schon fast süchtig danach. Zugleich außerordentlich konfliktscheu. In allem, was er tut und läßt, geht es ihm um Kooperation, um das friedliche Miteinander von Führungskräften und anderen Arbeitnehmern in seiner Firma, um den Frieden zwischen seinen Geschäftspartnern und den Mitarbeitern im Unternehmen. Die Gefahr liegt sehr nahe, daß der Firmenlenker die Zügel schleifen läßt, die Führungsrolle nicht mehr innehat. Das erkennen auch seine leitenden Mitarbeiter und deren Untergebene. Sie nehmen das Heft zusehends selbst in die Hand.

Mit der Folge, daß der Firmeninhaber und nominelle Geschäftsführer mit der Zeit stark fremdbestimmt in seinen Entscheidungen ist. Nicht er, sondern die Führungskräfte sagen, ja diktieren, was zu tun ist. Ein Teufelskreis. Je mehr der Chef auf Harmonie bedacht ist, desto weniger respektieren ihn seine Führungskräfte. Mehr noch, er schafft es mittlerweile nicht mehr, klare Anweisungen zu geben. Er verzettelt sich, äußert sich diffus, argumentiert – wenn überhaupt – im luftleeren Raum und wird deshalb seinen eigentlichen Führungsaufgaben nicht mehr gerecht. Sofern es ihm einmal gelingt, eine Anweisung zu geben, schafft er es nicht mehr, deren Durchführung auch zu kontrollieren. Er verschanzt sich hinter dem sogenannten teamorientierten und kooperativen Führungsstil. Was nichts anderes als Angst vor eigenen Standpunkten bedeutet. Seine Devise lautet: Alle müssen einer Meinung sein, dann können wir es machen. Wie weltfremd, wie ineffizient! Mit einem solchen „Führungsstil" wird seine Firma auf Dauer nicht überleben können. Die Folgen sind absehbar: Er gibt seine Lenkungsfunktion ab und schwächt dadurch seine Person. Im Unternehmen entsteht ein riesiges Chaos. Zwar gelingt es noch eine Weile, dem Unternehmen nach außen hin einen Anstrich von Harmonie und Effizienz zu geben. Doch die Nagelprobe wird beweisen, daß dieses Bild außerordentlich trügerisch ist. Sobald Geschäftspartner dies erkennen, werden sie ihre Konsequenzen daraus ziehen.

Nachvollziehber, daß De-Motivation und Frustration im Unternehmen stetig wachsen. Jede Führungskraft und jeder Mitarbeiter, der öffentlich und ohne sachliche Rücksichtnahme kritisiert, wird mit einer Lawine von Intrigen und Angriffen überschüttet. Man denunziert und ist selbst Opfer von Verleumdungen. Die Personal-Fluktuation im Unternehmen hat inzwischen besorgniserregende Ausmaße angenommen. Selbstverständlich werden fortwährend neue Mitarbeiter eingestellt, da das Angebot auf dem Arbeitsmarkt riesig ist. Doch zahlreiche der neuen Kolleginnen und Kollegen mögen sich das firmeninterne Wirrwarr nicht mehr länger antun. Sie kündigen bereits während der Probezeit und sind froh, der Firma den Rücken kehren zu können.

Konflikte an allen Ecken und Enden, ganz gleich, wohin man schaut, egal, welchen Teppich man hochhebt. Chaos. Von einer klaren Unternehmens-Philosophie kann nicht die Rede sein. Die Unternehmensziele, wenn es sie den überhaupt gibt, sind nicht mehr kontrollierbar, Ergebnisse nicht analysier- und nachvollziehbar.

Jeder möchte sein eigener Chef sein. Pech nur, daß es dafür keine Akzeptanz bei den anderen Führungskräften und Kollegen gibt. Dennoch zieht jeder in die eigene Richtung.

Und wieder einmal wird schnell klar, daß ein solcher, das Unternehmen bedrohender Konflikt allein mit externer Hilfe gelöst werden kann. Das erste mediative Gespräch führt der Mediator mit dem Firmenchef unter vier Augen. Der Geschäftsführer klagt ausführlich sein Leid, kann gar nicht aufhören mit der Jammerei. Seine Ausführungen und Einlassungen lassen sich etwa wie folgt zusammenfassen: „Ich würde ja gerne auf den Tisch hauen, aber ich traue mich nicht. Ich habe Angst, daß mir dann die Mitarbeiter weglaufen. Oder es würde nur noch schlimmer in meiner Firma."

Seiner eklatanten Führungsschwäche ist sich der Firmenchef sehr wohl bewußt. Er versucht nach Kräften zu verschleiern und zu übertünchen. Er meint, seine Führungskräfte und Mitarbeiter dürfen keinesfalls etwas davon merken. Andernsfalls, davon ist er überzeugt, wäre die Akzeptanz seiner Person, seiner Vorgaben und Entscheidungen noch geringer. Allerdings weiß er nicht – oder er will es nicht wissen –, daß seine Leute längst im Bilde sind. Sie haben seine Führungsschwäche erkannt und versuchen, das zum jeweils eigenen Vorteil auszunutzen. Wären die Konflikte sonst derart eskaliert!?

In seiner Not entschließt sich der Firmenchef, gute Miene zum bösen Spiel zu machen. Er benimmt sich wie ein U-Boot, das bei jedem auch nur ansatzweisen Konflikt direkt untertaucht. Aus, Ende, nicht mehr zu sprechen. Bei der Vor-Mediation wurde ebenfalls schnell klar, daß es auf der Konflikt-Gegenseite keinen Anführer gibt. Die Führungskräfte und Mitarbeiter erwiesen sich nicht als homogene Einheit, die den Chef als Feindbild auserkoren hatte. Jeder werkelt stattdessen vor sich hin und versucht, aus dieser Situation den größtmöglichen Nutzen für das eigene Ego und die eigene Karriere zu ziehen. Keine leichte Konfliktlage für den Mediator. In verschiedenen Einzel-, Zweier- und auch Gruppengesprächen versuchte der Mediator, sowohl das Teamverständnis als auch das vorhandene Einzelkämpferdasein differenziert und dezidiert abzuklopfen und zu analysieren. Das Ergebnis dieses Mediations-Schrittes kann nicht verwundern. Alle sind sich nämlich einig, daß sowohl Unternehmensleitung als auch Führungskräfte und Mitarbeiter in einem Boot sitzen. Ganz gleich, ob jemand Einzelkämpfer ist oder teamorientiert arbeitet, alle müssen an ein und demselben Strang ziehen. Sie müssen die gemeinsame Unternehmensphilosophie akzeptieren und täglich leben. Diese Unternehmensphilosophie sollte jedoch nicht frei variierbar sein und sich nicht täglich je nach Laune und Befindlichkeit der beteiligten Personen ändern. Die Leitlinien der Unternehmenspolitik müssen eindeutig von der Firmenführung vorgegeben sein.

So gelagerte konfliktreiche Unternehmenssituationen lassen sich dann durch Mediation erfolgreich meistern, wenn – ja, wenn sie rechtzeitig durchgeführt wird. Dann lassen weder Ansätze zur nachhaltigen Konfliktlösung lange auf sich warten, noch weigern sich die Beteiligten, effiziente Konfliktlösungs-Strategien in die Praxis umzusetzen. Aufgrund seiner Erfahrung weiß der Mediator, daß es mit diesem zweiten Mediations-Schritt nicht getan ist. In einigen „Nachfaßverfahren“ geht es darum, die Lage zu stabilisieren, also das Zurückfallen in alte Zustände zu verhindern. Vor allem wird die Unternehmensleitung es nach einer umfangreichen Mediation verstehen, kooperativ, aber völlig selbstbestimmt das Heft in die Hand zu nehmen. Zugleich gelingt es dabei, nicht autoritär auf die Führungskräfte einzuwirken. Ihnen werden größere Spielräume an Entscheidungskompetenz zugebilligt. Die Fronten sind nach einigen Monaten geklärt. Aus dem recht schwachen Firmenchef, der mit dem Etikett „Teamarbeit“ die eigene Entscheidungsschwäche zu ummänteln versuchte, ist ein zielgerichteter und tatkräftiger Unternehmer geworden, der eindeutige Zielvorgaben macht und Kontrollmechanismen durchsetzt. Die Führungskräfte und Mitarbeiter ihrerseits haben nicht das Gefühl, auf Grund bestimmter bestehender Hierarchien unterdrückt zu werden. Im Gegenteil, nachdem die eindeutigen Leitlinien der Unternehmenspolitik erarbeitet und allgemein bekannt sind, geht ein Ruck durch das Unternehmen.

4. Team und Einzelkämpfer

Auch diese Situation dürfte Ihnen nur allzu bekannt sein. Da gibt es eine Führungskraft in einem x-beliebigen Unternehmen. Der Mensch ist schon zehn Jahre dabei und maßgeblich am Erfolg seiner Firma beteiligt. Die Zeiten des riesigen Umsatzbooms hat er mit allen Vor- und Nachteilen erlebt. Es ist nicht übertrieben, wenn man sagt, daß er das Unternehmen mit aufgebaut hat. Inzwischen gehört er zwar nicht zum alten Eisen, ist aber schon jenseits der fünfzig. Selbstverständlich ist er sehr gewissenhaft, um nicht zu sagen: überaus penibel. Als Führungskraft aus altem Schrot und Korn denkt, lebt und handelt er nach dem Prinzip: „Befehl und Gehorsam“.

Und irgendwann kommt dann die kalte Dusche, die herbe Enttäuschung: Ihn, den ach so erfolgreichen Betriebsleiter degradierte man zum Leiter einer einzelnen Abteilung. Seine vorherigen Mitarbeiter, denen er bis dato immer Anweisungen gegeben hatte, sind ihm plötzlich in der Firmenhierachie gleichgeordnet.

Er ist bitter enttäuscht, ja aggressiv und völlig ungenießbar. Er fragt sich, von seinem Standpunkt aus zurecht, warum die Firma ihm das angetan hat. Doch es gab objektive Gründe für seine Degradierung. In der obersten Etage hatte sich nämlich herumgesprochen, daß er sein Team nicht führen konnte, was eigentlich nicht weiter verwunderlich ist. Schließlich hat er sich doch selbst häufig und unüberhörbar als Einzelkämpfer bezeichnet. Mit der Konsequenz, daß die Firmenleitung diese Äußerungen nach einiger Zeit ernst genommen hat. Jetzt hat er große Angst, seinen Arbeitsplatz verlieren.

Ein Konflikt, wie er im Buche steht. Die Kollegen, seine ehemals Untergebenen, mucken jetzt auf. Selbstverständlich beanspruchen sie im Team eine gut sichtbare Gleichberechtigung. Das Kräfteverhältnis: Vier hierarchisch gleichgestellte Kollegen, die dem ehemaligen Betriebsleiter bis dato untergeordnet waren, auf der einen Seite, er ganz allein auf der anderen. Dennoch bezeichnet er sich weiterhin als Chef dieser Kollegen und dokumentiert das auch nach außen.

Das Verhältnis zwischen Einzelkämpfer einerseits und gleichgeordnetem Team auf der anderen Seite ist unerträglich negativ. Uneinsichtigkeit, Sturheit und Starrsinn verhärten immer wieder die Fronten. Klar, es werden immer wieder Fehler gemacht, wie in jeder Abteilung, wie in allen Firmen, aber nicht häufiger als zuvor, auch nicht seltener. Die Fehlerquote ist so hoch wie immer. Doch daß es überhaupt zu Fehlern kommt, findet unser Einzelkämpfer völlig unerträglich. Selbstverständlich trägt nicht er selbst dafür die Verantwortung, sondern immer und in jedem Fall müssen die restlichen vier Kollegen dafür ihre Köpfe hinhalten. Er, der Einzelkämpfer und ehemalige Betriebsleiter, macht niemals einen Fehler. Diese Sicht der Dinge können die Kollegen naturgemäß nicht teilen. Ohne Zweifel, es sind Fehler gemacht worden. Doch sie haben sie nicht alleine zu verantworten, auch ihr „Einzelkämpfer" hat seinen Anteil daran.

Und nun eskaliert der Konflikt. Schuldzuweisungen ohne Ende, Vorwürfe jeden Tag, fast stündlich, reines egozentrisches Ressort-Denken bestimmen den Betriebsalltag. Keiner ist bereit, über den Tellerrand der eigenen Abteilung hinauszublicken, die eigenen Interessen zugunsten des großen Ganzen hintenan zu stellen. Der Einzelkämpfer wird als notorischer Miesmacher betrachtet, dem es nur um seine eigenen verletzten Eitelkeiten geht. Im Gegenzug sind die vier Kollegen für ihn ohne Ausnahme inkompetente, aufmüpfige Arbeitnehmer, die ihm seine Sachkenntnis absprechen und zudem seine Führungsrolle in der Abteilung alles andere als akzeptieren. Man fragt sich in der Tat, ob dieser Konflikt überhaupt nötig gewesen wäre. Durch wen wurde er eigentlich ausgelöst? Vordergründig sicherlich durch die Direktbeteiligten. Der Einzelkämpfer kann seine Degradierung nicht verkraften, seine vier Ex-Untergebenen sind hingegen froh, daß sie endlich auf der gleichen hierarchischen Stufe stehen wie er. Die Fehler, die letztendlich zum Konflikt geführt haben, wurden in der Unternehmensleitung gemacht. Eine Degradierung ohne Wenn und Aber hätte nicht erfolgen dürfen. Zumindest hätte die Unternehmensführung in Einzelgesprächen mit ihrem ehemaligen Betriebsleiter und dessen Mitarbeitern die Fronten klären müssen. Das ist aber leider nicht geschehen. Mit der Konsequenz, daß einmal mehr ein externer Mediator erforderlich ist, um den immer weiter eskalierenden Konflikt beizulegen.

Der Mediator informiert sich und analysiert. Er erfährt, daß alle acht Akteure, die drei Geschäftsführer und fünf Führungskräfte, sich untereinander gut kennen. Nach der Vor-Mediation finden zwischen allen Beteiligten weitere Gespräche statt.

Erstaunliches tritt dabei zutage: Einer der drei Geschäftsführer ist mit dem Ex-Betriebsleiter recht eng befreundet. Beide mögen und respektieren sich. Die degradierte Führungskraft genießt bei dieser Person ein recht hohes Ansehen. Verständlich, daß diese besondere private Konstellation die beiden anderen Geschäftsführer auf den Plan ruft. Sie befürchten eine Bevorzugung, was sie alles andere als korrekt empfinden. Käme es wirklich zu einer Besserbehandlung, wäre für zusätzlichen Unfrieden in der Firma gesorgt.

Das Mediationsgespräch geht zunächst recht zäh voran. Obwohl man sich schon seit Jahren kennt und zu schätzen weiß, sind die Beteiligten ziemlich gehemmt. Anfangs stehen sie dieser Veranstaltung eher ablehnend als konstruktiv gegenüber. Es bedarf einiger Anstrengungen, die Fronten aufzuweichen und das Eis zu brechen. Nach einiger Zeit gelingt es dem Mediator herauszuarbeiten, daß die degradierte Führungskraft keineswegs Sonderrechte genießt. Das bedeutet im Umkehrschluß aber auch, daß sie genauso respektvoll behandelt werden muß wie alle anderen Kollegen. Man ringt um einen Konsens, verwirft Lösungsansätze, nennt andere, um schließlich doch noch einen Einigungsweg zu finden. Die vor Jahren vorgenommene „Degradierung" wird nicht zurückgenommen. Gleichwohl gesteht die Geschäftsleitung ihrem Mitarbeiter gegenüber Versäumnisse und Fehler ein. Darüber hinaus würdigt die Geschäftsführung die Leistung ihres langjährigen Mitarbeiters. Sie wird bei Geschäftsführungskonferenzen auf sein Know-how zurückgreifen. Desweiteren kommen alle Konfliktpersonen überein, daß der Ex-Betriebsleiter nicht im Team arbeiten muß. Er soll in Zukunft Aufgaben übernehmen, die zu einem „Einzelkämpfer" besser passen und die seiner Verantwortung und Eigenständigkeit entgegenkommen. Die anderen Führungskräfte bleiben als Vierer-Team erhalten. Sowohl das Vierer-Team als auch der Einzelkämpfer fühlen sich in ihren neu definierten Positionen weitaus wohler als früher. Dies wurde in den Nach-Besprechungen eindeutig bestätigt. Das liegt vor allem daran, daß nun keine Partei mehr direkt oder indirekt versuchen muß, die jeweils andere gewaltsam in ihre Welt hinzuziehen. Mit dieser Einigung gelingt es allen, das Gesicht zu wahren. Der Ex-Betriebsleiter ist nicht gezwungen, ständig mit Kollegen zu kooperieren, die eine hierachische Gleichstellung einfordern. Auf der anderen Seite werden jene „Kollegen" durch die Führungs-Ambitionen und mitunter auch „Standesdünkel“ der degradierten Führungskraft nicht mehr in ihrer Kreativität und Produktivität gehemmt. Gegenseitiger Respekt stärkt nun die Eigenheiten aller Konfliktbeteiligten, ohne daß der unternehmerische Erfolg darunter leidet. Im Gegenteil: Das Gegeneinander der Kontrahenten wird aufgelöst und in ein Miteinander umgewandelt. Sowohl das Vierer-Team, das zuvor dem Ex-Betriebsleiter untergeordnet war, respektiert die Haltung ihrer ehemaligen Führungskraft. Und diese wiederum erkennt die Notwendigkeit der Teamarbeit, obwohl sie daran nicht unmittelbar teilhat.

5. Profit und soziale Verantwortung

Ein angestellter Geschäftsführer ist für den Vertrieb zuständig. Nach außen hin präsentiert er sich gern als „Rambo“, robust und mitunter auch ein wenig rabauzig. Aber so ist er eigentlich überhaupt nicht. Denn im Inneren ist er sensibel und mitfühlend, ja ein durch und durch sozial denkender Mensch.

Aber dieser oft mißverstandene „Rambo“ hat eine Gegenspielerin. Es handelt sich um die geschäftsführende Gesellschafterin. Ein Unterschied wie Tag und Nacht. Vertrieb ist nicht ihre Sache. Traditionell gibt sie sich eher innendienstorientiert. Sie ist penibel und genau, mitunter auch kleinlich. Alle schätzen ihre hohe Fach- und Sachkompetenz. Sie rechnet genau, dreht jede Mark dreimal um, bevor sie sie ausgibt. Dies läßt sie alle im Unternehmen auch spüren. Nicht zuletzt ihren angestellten Geschäftsführer-Kollegen.

Es dauert nicht lange, bis die beiden aneinandergeraten. Zuerst wird nur im Hintergrund gefochten, dann werden die Vorwürfe öffentlich und nehmen an Schärfe zu. Die geschäftsführende Gesellschafterin wirft ihrem Geschäftsführer-Kollegen vor, daß er sich nicht um die Belange der Firma kümmere. Sie als Anteilseignerin habe das gesamte finanzielle Risiko zu tragen, er hingegen bekomme sein festes, üppiges Gehalt. Sie hält ihm sogar vor, daß die Höhe des Gewinns oder die Frage, ob überhaupt Gewinn gemacht werde, ihn nicht interessierten. Sie beschuldigt ihn, daß er das hart erarbeitete Geld, ihr Geld, mit vollen Händen und selbstverständlich für unnütze Dinge ausgebe. Und außerdem könne er Kritik sowieso nicht ertragen. Er reagiere mimosenhaft und empfindlich, wenn man an seinen Leistungen oder seinen Entscheidungen etwas auszusetzen habe. Sie könne sich noch sehr gut daran erinnern, daß er bei solchen Gelegenheiten bereits drei- oder viermal mit Kündigung gedroht habe.

Aber auch er, der angestellte Geschäftsführer, hält mit seiner Kritik nicht hinterm Berg. Das wäre ja noch schöner, wenn er sich das alles gefallen ließe, zumal die Vorwürfe völlig unberechtigt seien. Auch er hat einiges an seiner „Kollegin" auszusetzen. So hält er ihr vor, daß sie ihm alles kaputt mache. Sie habe keinerlei Einfühlungsvermögen und sei zudem völlig unfähig, mit Menschen umzugehen. Sie solle sich doch mal im Betrieb umhören, was die Mitarbeiter und Führungskräfte über sie denken. Ihre Machtfülle sei einzig und allein auf die hierarchischen Strukturen zurückzuführen. Darauf eben, daß sie als geschäftsführende Gesellschafterin qua Kapitalbeteiligung das Heft in der Hand halte. Da könne es doch nicht wundern, daß sie ihre Macht durch Nörgeleien zu manifestieren versuche. Er hingegen habe einen völlig anderen Führungsstil. Und ohne ihn wäre das Unternehmen sowieso schon längst Pleite.

Eine äußerst verzwickte Situation. Der Eindruck, den die Geschäftsleitung den Mitarbeitern im Unternehmen vermittelt, ist fatal. Denn eine auf Effizienz und Erfolg ausgerichtete Firma kann alles Mögliche brauchen, nur nicht Uneinigkeit in der oberen Geschäftsetage. Da die Mitarbeiter mit ihrer Meinung nicht hinter dem Berg halten, müßte sich inzwischen auch bei der Geschäftsführung herumgesprochen haben, was der Betrieb von den Reibereien hält. Mehr noch, beide Geschäftsführer versuchen im Betrieb eigene Fraktionen aufzubauen, indem sie beispielsweise danach trachten, vor den Mitarbeitern dem jeweiligen Kontrahenten den Rang abzulaufen. Beide möchten dokumentieren, daß er der Beste in der Geschäftsleitung ist.

Diese Konstellation impliziert, das Arbeiten und Aufgaben doppelt verteilt und gleich zweifach erledigt werden. Jeder der beiden Geschäftsführer möchte seine Macht und seinen Einfluß erweitern, möglichst viele (wichtige) Aufgaben aus dem jeweils anderen Ressortbereich an sich ziehen. Parallel dazu machen sich die beiden gegenseitig schlecht. Anweisungen, die einer von ihnen gibt, werden vom anderen öffentlich, am besten vor möglichst vielen Mitarbeitern des Unternehmens, herabgewürdigt, ja sogar torpediert. Keine einfache Situation auch für die Führungskräfte der Firma. Auf der einen Seite müssen sie sich an den Kapitalinteressen der geschäftsführenden Gesellschafterin orientieren. Andererseits aber sind sie einhellig der Meinung, daß nur der angestellte Geschäftsführer zur Unternehmsleitung befähigt ist.

Wieder einmal ist die Konfliktlösung aus eigener Kraft nicht möglich. Es scheint nur die Alternative zu geben: er oder sie. Er ist der fähigere Kopf, der sowohl von den Führungskräften im Unternehmen als auch von den Mitarbeitern respektiert und als der bessere Geschäftsführer anerkannt ist. Sie hat auf Grund ihrer hierarchischen Position als Gesellschafterin per se die besseren Karten. „Gewinnt" sie, wäre dies für das Unternehmen negativ. Würde er sich mit aller Gewalt durchsetzen, käme es nie zu einer nachhaltigen Konfliktlösung. Was also tun? Die Mediation ist dringend erforderlich.

Wie gewohnt hat der externe Mittler mit beiden Konfliktbeteiligten bereits jeweils ein Vor-Mediationsgespräch geführt. Wichtigstes Thema dabei war die Uneinigkeit innerhalb der Geschäftsführung. Nach einiger Zeit ergab sich, daß beide Seiten in der Tat aus unterschiedlichen Blickwinkeln Entscheidungen treffen, wobei viele fast völlig indentisch sind. Der Blick für das Wesentliche und für die Tatsache, daß die Entscheidungen an sich gar nicht unterschiedlich ausfallen, bringt die Erleuchtung. Gleiches Ziel, unterschiedliche Wege. Dabei fällt es den Konfliktparteien bald immer leichter, die unterschiedlichen Methoden des jeweils anderen zu akzeptieren. Das deutet daraufhin, daß der Konflikt noch nicht sehr weit fortgeschritten ist. Um es in Zahlen auszudrücken: die Geschäftsführende Gesellschafterin und ihr angestellter Kollege fanden heraus, daß in ihrem Tun und Denken mehr Gemeinsamkeiten vorherrschen als Trennendes. Und nur dieser Rest machte den beiden das Leben schwer.

An diesem Beispiel wird deutlich, daß und wie ein persönlicher Konflikt auf der Geschäftsleitungsebene sich in der Mitarbeiter- und Führungsebene massiv verselbständigt. Der Konflikt, den die eigentlichen Kontrahenten miteinander haben, verlagert sich in untergeordnete Bereiche und wird dort mit Vehemenz weitergeführt. Es kommt zu den beliebten „Stellvertreter-Kriegen".

Während des Mediationsverfahrens wird auch deutlich, daß es keine Marotte der Gesellschafterin ist, praktisch auf jeden Pfennig zu achten. Sparsamkeit und Kostenbewußtsein müßten halt angesichts der wirtschaftlichen Situation unbedingt sein, davon ist sie überzeugt. Sie liebe es auch harmonisch und würde ganz gerne nicht auf jeden Pfennig schauen. Aber das sei im Moment halt nicht möglich.

Auch der angestellte Geschäftsführer macht Zugeständnisse. Er ist ohne Einschränkung davon überzeugt, daß soziale Verantwortung durch und durch berechtigt ist. Daran wolle er auch festhalten. Zugleich gibt er aber zu, daß das Harmoniebedürfnis ihn mitunter davon abhalte, rein unternehmerische und geschäftliche Fakten zu betrachten. Mitunter mache er den Fehler, die sozialen Aspekte in den Vordergrung zu stellen. Da sei ein Korrektiv, beispielsweise in Form seiner Geschäftsführer-Kollegin schon dringend erforderlich.

Das Mediationsverfahren kann besser nicht sein. Weil der Konflikt noch nicht stark eskaliert ist, finden die Kontrahenten schnell zu einer Einigung. Die Gemeinsamkeiten sind ihnen viel wichtiger als das Trennende. Allerdings, das bleibt an dieser Stelle festzuhalten, wäre die schnelle Beendigung der Auseinandersetzungen wahrscheinlich nicht ohne externen Mittler möglich gewesen. Dafür waren die Fronten dann doch zu verhärtet. Die „Vorgeschichte" deutet nämlich darauf hin, daß die Konfliktbeteiligten zunächst kein Interesse an einer Beilegung gehabt haben, stattdessen allein danach trachteten, selbst die Oberhand zu behalten. Sobald ein Mediations-Verfahren derart erfolgreich abläuft, sind weitere mediative Arbeiten mit den Konfliktbeteiligten vorläufig nicht erforderlich. Dennoch sollten die Kontrahenten ihre Gespräche über das Thema nur in Anwesenheit des Mediators fortsetzen, um den Konsens zu vertiefen und die neue Einigkeit nicht aufs Spiel zu setzen. Es wäre nur allzu menschlich, wenn einer oder beide in alte Gewohnheiten zurückverfielen und daraus neues Konfliktmaterial resultieren würde. Selbstverständlich sieht der Mediator nach erfolgreicher Konfliktlösung seine Arbeit noch nicht als beendet an. Er wird die Beteiligten, falls gewünscht, in der Folgezeit weiter „betreuen". Dadurch ist das Andauern des Konsenses gewährleistet.

6. Weitere Beispiele

Da kommt ein Verkäufer in die Abteilung „Konstruktion" seines Unternehmens. Die Ingenieure tun alle sehr geheimnisvoll. Irgendetwas ist im Busch. Einer der Techniker verkündet ganz stolz, daß er und seine Kollegen derzeit an einem ganz phantastischen Produkt arbeiten. Das sei noch nie dagewesen, das habe die Welt noch nicht gesehen, ein echter Hammer.

Der Verkäufer ist überaus erfreut, ja sogar durch und durch euphorisch. Auf so eine gute Nachricht hat er seit Monaten gewartet. Endlich kann er seiner Kundschaft die Sensation schlechthin präsentieren und dadurch für neuen Umsatz sorgen. Er tut, was er tun muß und was wohl jeder Verkäufer an seiner Stelle getan hätte. Er ruft sofort einige Kunden an, um ihnen diese ausgezeichnete Nachricht mitzuteilen. Etwa in der Form: „Hallo, Herr XY, halten sie sich fest. Demnächst habe ich etwas ganz Tolles, etwas Sensationelles für Sie. Das möchte ich ihnen unbedingt erklären und präsentieren!“

Einer der Ingenieure in der Konstruktionsabteilung wird Zeuge dieses Telefonats. Er wird ganz blaß. Er ist sicher, daß der Verkäufer den Mund zu voll genommen hat. Keinesfalls hätte er schon zum jetzigen Zeitpunkt darüber sprechen dürfen. Und wenn, dann nicht derart euphorisch. Aber nun ist das Kind in den Brunnen gefallen. Der Verkäufer hat eine enorme Erwartungshaltung bei seiner Kundschaft aufgebaut. Und die ist jetzt auch außerordentlich gespannt auf das neue, sensationelle Produkt, an dem die Ingenieure in der Konstruktionsabteilung basteln.

Die unnötige Indiskretion eines Ingenieurs in der Konstruktionsabteilung und die darauf euphorische Ankündigung des neuen Produkts durch den Verkäufer erzeugen einen ungeheuren Druck auf die Ingenieure. Und sie hinterlassen nachhaltigen Eindruck beim potentiellen Kunden. Streitereien bis hin zum Konflikt sind programmiert. Der Verkäufer treibt die Mitarbeiter in der Konstruktionsabteilung an. Die wiederum verbitten sich den Druck, weil sie in Ruhe arbeiten möchten. Parallel dazu fragen die informierten Kunden nach, wann denn endlich mit dem sensationellen Produkt zu rechnen sei. Der Konflikt eskaliert soweit, daß Konstrukteure und der Verkäufer zum Schluß nicht mehr miteinander reden können.

Ein weiteres Beispiel: Der Werkstattleiter betreut unter anderem sechs Mitarbeiter in der Abteilung „Kundenservice“. Dazu gehört auch der Fahrdienst. Vier dieser Mitarbeiter weisen einen extrem hohen Krankheitsstand auf. Besonders auffällig ist, daß einer von ihnen regelmäßig an ganz bestimmten Tagen nach ganz speziellen Anlässen „erkrankt“ und deshalb nicht in der Firma erscheint. Dieses „Spielchen“ läuft schon seit acht Jahren.

Die Führungskraft ist erst seit drei Jahren Leiter der Werkstatt. Folgerichtig hat sie „personelle Altlasten“ übernommen, für deren „Entsorgung“ sie nunmehr die Verantwortung tragen muß. Sie fragt sich, was in den vorangegangenen fünf Jahren passiert sei. Und sie kommt zu dem Ergebnis, daß die Geschäftsleitung dieses unangenehme Thema des außerordentlich hohen Krankheitsstandes tabuisiert hat und einfach aussitzen wollte. Traurig und bedenklich für den Werkstattleiter ist, daß er trotz wiederholter Bitte keine Unterstützung von der Geschäftsleitung erhält. Qua hierarchischer Position ist er jedoch verpflichtet, mit seinen Mitarbeitern, die sich permanent krank melden, Gespräche zu führen, um die unhaltbaren Zustände zu beenden. Erschwerend für den vergleichsweise neuen Werkstattleiter kommt hinzu, daß er innerhalb des Unternehmens Karriere gemacht hat und nicht von außen in die Firma eingetreten ist. Er war also zuvor Kollege bzw. „Kumpel“ der Mitarbeiter, deren Führungskraft und Vorgesetzter er jetzt ist. Außerdem ist er fünf Wochen vor der Öffnung der Mauer aus der DDR geflohen. Er hatte eine Reiseerlaubnis, die er ausnutzte, um in Deutschland zu bleiben.

Aus der Summe all dieser Erschwernisse ergibt sich ein riesiges Konfliktpotential. Die Ex-Kollegen und jetzigen Untergebenen wissen sehr wohl, daß ihre Führungskraft auf Unterstützung durch die Geschäftsführung nicht zählen kann. Man duzt sich wie früher, hat vergleichsweise wenig oder überhaupt keinen Respekt vor dem Werkstattleiter. Hinzu kommen die üblichen Vorurteile in Hinblick auf die Kompetenz und Leistungsbereitschaft von Bürgern aus der Ex-DDR. Erneut ein Fall für den Mediator.

Ein drittes Beispiel aus dem Berufsalltag: Ein Innendienstleiter wird nicht darüber informiert, daß die Geschäftsführung einem seiner Mitarbeiter gekündigt hat. Zugleich ist in Abwesenheit der Führungskraft neues Personal eingestellt worden. Dies hat die Firmenleitung weder vorher noch nachher mit ihrem Innendienstchef besprochen. Es stellt sich heraus, daß sich die Firmenleitung zunehmend in die Personalpolitik, die qua Vertrag und hierarchischer Einstufung eigentlich der Innendienstchef zu verantworten hätte, einmischt. So fordert man ihn ohne weitere Begründung auf, an zwei seiner Mitarbeiterinnen zusätzliche Aufgaben zu erteilen. Der Innendienstleiter ist mit dieser Anweisung nicht einverstanden, weil er einen viel besseren Überblick über die personelle Ausstattung und den Arbeitsaufwand hat. Er weiß, daß besagte Mitarbeiterinnen sowieso schon über die Grenzen ihrer Belastbarkeit hinaus beansprucht sind. Es erscheint ihm unmöglich, daß die beiden zusätzliche Aufgaben zufriedenstellend erledigen können. Deshalb wirkt die Anordnung der Unternehmensleitung kontraproduktiv. Durch die Erweiterung des Aufgabenbereichs wird nicht mehr geleistet, sondern alle Aufgaben, auch die alten, werden kaum noch bzw. schlechter erledigt. Doch das scheint die Unternehmensleitung nicht weiter zu interessieren. Der Innendienstchef hat schon wiederholt um ein Gespräch mit dem zuständigen Geschäftsführer gebeten. Doch ohne Erfolg. Somit kann er seine Meinung gegenüber der Unternehmensleitung nicht vertreten. Ganz zu schweigen davon, daß er keine Gelegenheit hat, die eigene Auffassung mit entsprechenden Konsequenzen durchzusetzen.

Noch ein Beispiel: Die Führungskraft ist verantwortlicher Leiter des Fuhrparks. Immer wieder kommt es vor, daß nach Ende der eigentlichen Dienstzeit dringende Fahrten zu Kunden unternommen werden müssen. Um solche Touren reißen sich die Mitarbeiter des Fuhrparks nicht unbedingt. Aber es führt kein Weg daran vorbei, daß einer die Arbeit übernehmen muß. Vor allem dann, wenn es sich um besondere Instrumente oder ganz spezielle Technik handelt, die der Kunde unbedingt benötigt.

Das Dilemma der Führungskraft: Sie hat keine Möglichkeit, nach Dienstschluß ihre Mitarbeiter anzuweisen, diese Fahrten zu übernehmen. Solche Verpflichtungen sind leider nicht in den Arbeitsverträgen geregelt. Der Fuhrparkleiter hat im Grunde nur eine Chance: Er muß an den guten Willen und an die Loyalität der Mitarbeiter appellieren. Eine Bittstellerei ohnegleichen. Der Gang nach Canossa war nichts dagegen.

Die Führungskraft fühlt sich denkbar unwohl in ihrer Haut. Sie steht unter einem enormen Druck. Die Geschäftsführung verlangt in jedem Fall und kategorisch, daß die Arbeit getan, die Fahrt also übernommen wird. Die Führungskraft hat Probleme, sich durchzusetzen. Am Ende lassen sich immer die gleichen Leute breitschlagen, und immer die gleichen sagen einfach nein, weil sie wissen, daß dann der andere die Arbeit übernimmt. Für den Leiter des Fuhrparks eine untragbare Situation.

Noch ein Beispiel? Es gibt sie zuhauf. Besonders das des Mitarbeiters, der seit etwas mehr als zwei Jahren Sachbearbeiter ist. Er ist flink und nicht auf den Kopf gefallen. Deshalb erledigt er seine Aufgaben rasch und präzise. Kritik an seiner Arbeit hat es eigentlich noch nie gegeben. Hin und wieder kommt es vor, daß er Leerlauf hat. Der Mitarbeiter ist ein sehr kooperativer Mensch. Es macht ihm absolut nichts aus, Kolleginnen und Kollegen während seiner Leerlaufzeiten Hilfe anzubieten. Aber diese Hilfsbereitschaft trifft nicht überall auf Verständnis und Gegenliebe. Denn zahlreiche Mitarbeiterinnen und Mitarbeiter, die mit Aufgaben zugeschüttet sind und deshalb nicht mehr wissen, wo ihnen der Kopf steht, empfinden es als ausgemachte Ungerechtigkeit, daß ein Kollege nicht soviel zu tun hat. Selbstverständlich betreiben sie dabei keine Ursachenforschung. Sie meinen halt, daß diesem Mitarbeiter weniger Aufgaben zugewiesen werden als ihnen selbst. Bislang ist es ihnen noch nicht in den Sinn gekommen, daß der Kollege nur deshalb hin und wieder Leerlauf hat, weil er seine Aufgaben schnell und trotzdem sorgfältig sowie fehlerfrei erledigt.

Für den hilfsbereiten Sachbearbeiter eine prekäre Situation. Er erkennt sehr schnell, daß er mit seinem Angebot nicht unbedingt offene Türen einrennt. Im Gegenteil, er stößt auf Ablehnung und Skepsis, mitunter sogar auf Mißgunst. Naheliegend, daß er sich immer mehr zurückzieht und in Zukunft keine Hilfsangebote mehr macht. Er befürchtet nämlich, daß sich sein vorübergehender Leerlauf bis in die Geschäftsleitung herumspricht und als Konsequenz daraus möglicherweise sein Arbeitsplatz auf dem Spiel steht. Ein ausgemachter Konflikt, der eine durchaus positive und menschliche Ursache hat.

Eine Fülle von Konflikten im Unternehmensbereich hat sich nach der deutschen Vereinigung ergeben. Da gibt es beipielsweise ein mittelständisches Unternehmen, das eine Werksvertretung und Niederlassung in den neuen Bundesländern unterhält. Dort wird ein Prokurist aus dem Westen eingestellt. Dieser hat aber erhebliche Führungsschwierigkeiten, weil er mit den Mitarbeitern aus den neuen Ländern nicht zurechtkommt. Die Geschäftsführung sieht sich zusammen mit dem Prokuristen veranlaßt, Führungsmaßnahmen einzuleiten, die eigentlich gar nicht gewollt waren. Die Firmenleitung im Westen und ihre Führungskraft im Osten entwickeln zum Beispiel ein Formular, auf dem angekreuzt werden soll, was vorgefallen ist. Welche Mitarbeiter kommen regelmäßig zu spät? Wer hat nicht ordentlich gearbeitet? Wer ist unzuverlässig, schlampig und nicht akurat? Dadurch wird ein enormer Druck auf die Mitarbeiter der Niederlassung ausgeübt. Druck, der gar nicht beabsichtigt war. Die Unternehmensleitung muß nach einiger Zeit konzedieren, daß für die Mitarbeiter aus den neuen Bundesländern disziplinarische Maßnahmen dieser Art leider alltäglich sind. Die westlichen Manager befürchten, daß ihre Arbeitnehmer aus der Ex-DDR es nicht gewohnt sind, eigenverantwortlich zu denken und zu handeln. Dies alles bedauert die Firmenleitung sehr, da man im Westen den Druck als Führungsinstrument in den vergangen Jahren völlig vermieden hat.

Man soll nun nicht glauben, daß Konflikte allein aus dem Miteinander oder Gegeneinander von Kolleginnen und Kollegen resultieren. Oder sie auf Grund der hierarchischen Vorgaben zwischen Führungskräften und Mitarbeitern zutage treten. Auch auf gleichen hierarchischen Stufen gibt es Konflikte in Hülle und Fülle. Sie haben bereits weiter oben ausführlich erfahren, wohin es führen kann, wenn sich die Mitglieder der Geschäftsleitung nicht „grün“ sind. Da prallten die Geschäftsführende Gesellschafterin eines Unternehmens und ihr angestellter Geschäftsführer andauernd aufeinander. Führungs-Welten standen sich gegenüber. Beide Konfliktbeteiligten waren in ihren Ressorts recht dominant, entsprechend schwer fiel es ihnen, den Führungsstil und die zugrunde liegende Führungsphilosophie des anderen zu akzeptieren. Noch nicht einmal vom üblichen Respekt, den man gemeinhin voraussetzen sollte, war etwas zu spüren. Wie der Konflikt schließlich doch noch mit Hilfe des Mediationsverfahrens gelöst werden konnte – siehe oben.

Zum Abschluß noch zwei Konflikt-Beipiele. Da gibt es einen Betriebsratsvorsitzenden, der eine der Führungskräfte nicht leiden kann. Die Abneigung wird dadurch verstärkt, daß diese Führungskraft mit einem Mitglied der Geschäftsleitung eng befreundet ist. Dieses Konfliktthema trägt der Vorsitzende des Betriebsrats fünf Jahre heimlich, still und leise mit sich herum. Er verdrängt es, tabuisiert es sogar. Nach außen hin zeigt er sich souverän und tolerant. Er behauptet steif und fest, mit dieser Situation könne er sehr gut leben.

Im Rahmen des Mediationsverfahrens stellt sich sehr schnell heraus, daß das bei weitem nicht so ist. Der Betriebsratsvorsitzende hat sich während der ganzen Zeit selbst belogen. Das Mediationsverfahren ist vergleichsweise aufwendig und dauert Wochen. Denn die lange Zeit hat zu einer erheblichen Verhärtung und Starre der Positionen geführt. Zum Schluß gelingt es dennoch, daß der Betriebsrat mit seinem Konfliktpartner, der Führungskraft und dem Freund der Geschäftsführung, wieder reden kann. Das Verhältnis ist zwar noch nicht hundertprozentig in Ordnung, aber Entwicklungsmöglichkeiten zum Positiven hin sind durchaus gegeben.

Aber auch der Freund eines Geschäftsführers hat Probleme. Im Unternehmen wird ihm vorgeworfen, daß er ein Spitzel sei. Er versuche, durch geschickte Fragen, vorgespielte Kollegialität und geheucheltes Verständnis Informationen zu erhalten, die er teils gefiltert, häufig auch ungefiltert der Geschäftsleitung weitergebe. Auch sein Konflikt ist mit Hilfe des Mediationsverfahrens lösbar. Verfeindeten Ex-Partnern wird es daraufhin wieder möglich sein, miteinander zu reden. Man hat Verständnis für die Situation des anderen und kann klarer als zuvor zwischen Sein und Schein, Dichtung und Wahrheit unterscheiden. Und nicht zuletzt erkennt man, daß vieles, was man selbst dachte, auf Vorurteilen beruhte.

Und da gibt es selbstverständlich noch die Konflikte zwischen den Geschlechtern. Nicht nur im Privatleben, sondern auch in der Firma. So wirft eine Mitarbeiterin ihrem männlichen Kollegen vor, er kritisiere alles, was die anderen tun. Zugleich versuche er andauernd, sich bei der Geschäftsleitung ins beste Licht zu rücken, indem er seine eigenen Leistungen über den grünen Klee lobe und heraushebe, die Arbeit der anderen aber schlechtmache. Er lege ein typisches „Macho-Gehabe" an den Tag, halte andauernd große Reden, stehe im Gang herum ohne etwas zu tun, unterhält sich lange mit Kolleginnen und Kollegen. Kurzum: Er sei der Faulste, der in der Firma herumlaufe.

Klar, daß er an seiner Kollegin ebenfalls kein gutes Haar läßt. Der Konflikt schaukelt sich hoch. Sie und er reden nicht mehr mit-, sondern nur noch übereinander. Und zwar auf die unflätigste Weise. Nach einer ausführlichen Mediation bringen beide zumindest Verständnis für die andere Position auf. Die Konfliktparteien zeigen sogar Gesprächsbereitschaft. In jedem Fall sind sie damit einverstanden, einen Neubeginn zu wagen. Aber: Weitere Mediationsgespräche dürften in diesem Fall programmiert sein.

Nachwort: Mut und Fortschritt

Ich höre die Kritiker und Zweifler, die Mediation als theoretischen Unsinn im luftleeren Raum abtun. Was nicht durch Zahlen, Daten und Messungen eindeutig zu belegen sei, habe sowieso keinen Wert. Doch täuschen Sie sich nicht, verehrte Damen und Herren Lächler und Lamentierer. Wirtschafts-Mediation ist alles andere als eine Worthülse. Sie ist praktisch, sie ist praxisorientiert, und sie ist deshalb ergebnisbezogen. Näher am Pulsschlag der Wirtschaft zu sein scheint nicht möglich. Deshalb geht jeder gut ausgebildete Wirtschafts-Mediator mutig in den Konflikt hinein. Nicht dominierend, aber durchaus bestimmt. Nicht parteiergreifend, aber immer mit eigener Meinung. Nicht anbiedernd, aber durchweg konziliant. Nicht als Weichei, aber mit viel Respekt für das Gegenüber. Dabei ist die Wirtschafts-Mediation nur eine unter einer Vielzahl von Mediationsformen. So wird die Mediation als Instrument der Konfliktlösung beispielsweise in Scheidungsfällen angewandt, bei Familienstreitigkeiten, bei Auseinandersetzungen zwischen Nachbarn, in der Schule und in zahlreichen anderen denkbaren Situationen und zu heiklen Anlässen. Obwohl in all diesen Fällen die adäquate Lösungsstrategie Mediation heißt, unterscheidet sich das, was als Wirtschafts-Mediation bezeichnet wird, doch ganz erheblich von den anderen zuvor erwähnten Mediationsformen.

Das wichtigste Unterscheidungsmerkmal ist die Freiwilligkeit. Sofern die Konflikt-Beteiligten nicht zum Mitmachen bereit sind, kann der Mediator auf dem Tisch einen genialen Step-Tanz wie Fred Astair hinlegen, und trotzdem hat er keinerlei Erfolg. Zwar ist leichter Druck nicht von der Hand zu weisen und deshalb häufig sinnvoll, da man manche Zeitgenossen erst zu ihrem Glück zwingen bzw. davon überzeugen muß. Doch die grundsätzliche Bereitschaft, an einem runden Tisch den Konsens zu suchen und zu finden, sollte durchweg vorhanden sein. Gleichwohl werden immer noch die wichtigsten Entscheidungen auf den oberen Hierarchiestufen getroffen. *Deshalb sind immer die Entscheider in einem Unternehmen die Auftraggeber des Mediators.* Die Kontrahenten selbst werden selten aktiv, um einen externen Mittler zu Rate zu ziehen. Deshalb gilt bei der Wirtschafts-Mediation der Grundsatz: *Fata volentem ducunt nolentem trahunt.* Das Schicksal führt die Wollenden, den Nicht-Wollenden zieht es. Sicher, jeder ist seines Glückes Schmied. Doch auch hier gibt es, wie vor Jahrtausenden auf der Reise nach Rom, viele Wege. Dem Wirtschafts-Mediator obliegt es, gemeinsam mit seinen ihm Anvertrauten den besten Weg dorthin zu finden. Er weiß, ob die Konfliktparteien geführt werden sollten oder sich die Route zum Glück und Erfolg von selbst entwickelt.

Und erneut ein Hinweis, um möglichen Mißverständnissen vorzubeugen. Die Konfliktlösung, ganz gleich mit Hilfe welcher Methode sie geschieht, ist eben nicht ins reine Belieben der Konfliktparteien alleine gestellt. Das Beilegen von Auseinandersetzungen im Konsens muß *mit den Unternehmenszielen konform* gehen. Und sie wenn möglich unterstützen oder gar weiterentwickeln.

Aus all dem folgt: *Wirtschafts-Mediation ist eine Riesenchance für jedes Unternehmen.* Denn mit ihrer Hilfe können aus wohlklingenden Schlagworten endlich Taten werden. Mit der Wirtschaft-Mediation läßt sich ernst machen mit so hehren Unternehmenszielen wie Innovation, Kreativität und Flexibilität. Es lassen sich sogar Visionen umsetzen, mögen sie noch so absurd und utopisch sein. Doch die Visionen von heute sind bekanntlich die Erfolge von morgen. Deshalb betritt der Wirtschafts-Mediator eben nicht die ausgetretenen Pfade. Er schlägt sich viel lieber durchs Unterholz, durchquert auch unwirtliches Gelände, um letztlich an sein Ziel zu kommen.

Haben Sie sich nicht auch schon häufiger gefragt, weshalb der Mensch von heute so aggressiv und gewalttätig ist? Eine überzeugende Antwort ist, daß immer mehr Aggressions- und Gewaltpotential freigesetzt wird. Das hat seinen Grund darin, daß Konflikte, wenn überhaupt, nur schlecht ausgehalten und verarbeitet werden. Ganz zu schweigen davon, daß man sie austrägt. Konflikte werden einfach, darauf habe ich wiederholt in diesem Buch hingewiesen, tabuisiert, ausgeblendet oder übersprungen.

Ein ganz besonderer Aspekt der Wirtschafts-Mediation ist der Faktor Zeit. Nicht ohne Grund hat Wirtschafts-Mediation den Mut zur Langsamkeit wiederentdeckt. Deshalb lautet die Devise: Nicht schnell, schnell, sondern mit Geduld durchatmen. Viele Manager in deutschen Unternehmen wären gut beraten, wenn sie die Langsamkeit wieder endeckten und der Beschleunigungsfalle entgingen. Und einigen, die das sehr wohl bereits getan haben, fehlt einfach der Mut, ihren neuen Fund und diese vermeintlich sensationelle Erkenntnis, daß Langsamkeit auf Dauer viel erfolgversprechender ist, in ihrem Firmenleben umzusetzen. Meine Behauptung, die sich auf zahlreiche Mediations-Verfahren stützt: Die Wirtschafts-Mediation sichert bessere Erfolge, weil sie die Effizienz der Langatmigkeit wiederentdeckt und die Geduld revitalisiert hat. Schnelle Erfolge sind durchweg nur kurzatmig und kurzfristig.

Den Mut, den Unternehmensführer bei der neuen Langsamkeit zeigen, sollten sie auch bei der Auswahl geeigneter Führungskräfte haben. Personalauswahl, Personalentwicklung und Konfliktbelastbarkeit gehören zusammen. Konflikt-Kompetenz ist gefordert als neue Tugend von Führungskräften und Managern. Selbstverständlich zusätzlich zu den anderen Fähigkeiten, die für Führungskräfte obligatorisch sind. In den nächsten Jahren, zumal die deutsche Wirtschaft in ihren Bemühungen um Umstrukturierung zwar weit fortgeschritten, aber noch nicht so erfolgreich wie ihre Vorbilder in England und den USA ist, muß der Grundsatz lauten: Nicht, was du weißt, sondern was du kannst, ist für die Zukunft entscheidend. Das beherzigen leider immer noch zu wenige Führungskräfte.

Die Wirtschafts-Mediation ist als Konflikt-Löser bzw. Konflikt-Regulierer kein Allheilmittel. Die Konfliktregelung durch Wirtschafts-Mediation wird deshalb weder aus- noch verlagert. Somit macht der Mediator Juristen, Vorgesetzte, Ärzte und andere beileibe nicht überflüssig, was auch gar nicht beabsichtigt ist. Denn der Mediator zielt darauf ab, daß ein Konflikt, auch wenn er mit seiner Hilfe beigelegt wird, bei den Personen, den jeweiligen Kontrahenten, verbleibt. Dadurch gelingt es den Menschen, mit sich und ihren Gefühlen in Übereinstimmung zu bleiben und die eigene Identität weiterzuentwickeln. Der Mediator hat sein Ziel im Grunde bereits dann erreicht, wenn die Obersten in den Unternehmen alle klassischen und scheinbar berechtigten, weil in der unternehmerischen Praxis erprobten Konfliktlösungsmodelle wie Flucht, Vernichtung (= Kündigung) und Delegation einfach zur Seite schieben und statt dessen neues Denken und neues Handeln praktizieren.

Die Lösung fast aller Probleme schlummert in jedem einzelnen und ruht als Potential im Team. Dieses Lösungspotential ist ein Schatz, der gehoben werden kann. Der Vorgang dieser „Schatzhebung" kommt also einem Umwandlungsprozeß von Energien gleich: *Auflösung der Konflikt-Blockaden hin zu kreativen Lösungsmodellen.* In diesem Umwandlungsprozeß lernen Führungskräfte:

- Konflikte frühzeitig wahrzunehmen,
- ihre Bedeutung für sich, das Team und das Unternehmen richtig einzuschätzen,
- den Dialog über Konflikte zum richtigen Zeitpunkt und an richtiger Stelle zu führen,
- Veränderungsprozesse anzuregen, einzuleiten, auszuführen und zu verantworten,
- den Umfang und die Grenzen der Autonomie,

- den Umgang mit Ängsten,
- die Entwicklung von Empathie,
- das Akzeptieren Andersdenkender,
- die Entwicklung eigener Ressourcen und der des Teams,
- die Fähigkeit zu ehrlichem und offenem Dialog,
- den Respekt sich selbst gegenüber und Wertschätzung des anderen,
- Visionen zulassen und entwickeln,
- Wachstums-Chancen in der Konfliktlösung erkennen.

In herkömmlichen Konflikt-Management-Trainings werden zumeist vorgefertigte Strategien, Verfahrensweisen, Lösungen und Modelle angeboten und eingeübt, ohne zu hinterfragen, ob die Mitarbeiter dies auch bewältigen und leisten können oder wirklich annehmen wollen. Die Methode der Wirtschafts-Mediation kehrt genau dieser Vorgehensweise den Rücken und stellt den einzelnen Menschen in den Zusammenhang der gesamten Unternehmensorganisation. Hier also wird keine fertig gestrickte Mütze übergestülpt, sondern Führungskräfte erarbeiten entsprechend ihrer Fähigkeiten alle Lösungen selbst. Im Mediationsverfahren gewinnen die Führungskräfte dadurch, daß sie an der Konfliktklärung und -lösung beteiligt sind, die Einsicht und die Erkenntnis, bestimmte Verhaltensweisen zu ändern, als notwendig erkannte Veränderungsprozesse einzuleiten und mitzutragen.

Durch Übernahme von Verantwortung und Autonomie wird der Mensch konfliktfähig: also lebens- und lernfähig und damit leistungsfähig und hochmotiviert. Der Schlüssel in dieser Vorgehensweise liegt im Hervorbringen und Herausarbeiten von wertvollem Mitarbeiterpotential und leitet damit einen sinnvollen Veränderungsprozeß ein, der für das gesamte Unternehmen mehr Leben, mehr Sinn und Richtung erzeugt. Das oberste Ziel eines Unternehmens, der Gewinn, stellt sich damit von selbst ein.

Das Einbringen von Kraft, Energie und mutiger Aktivität können wir nur dann von Mitarbeitern erwarten, wenn wir nicht nur die Köpfe der Menschen ansprechen, sondern auch ihre Emotionen. Das inspiriert den Menschen, stärkt den Geist und gibt ihm das Gefühl für Richtung und Sinn. So wird bei den Mitarbeitern neue Energie frei, Lebensenergie, die sich zur Unternehmensenergie transformiert. Wenn diese Energie einmal geweckt, entwickelt und ausgebaut wird, sobald sie einmal da ist, werden die Mitarbeiter von ihr „geführt".

Literatur

BACKHAUS, KLAUS/BONUS, HOLGER (Hrsg.): Die Beschleunigungsfalle oder der Triumph der Schildkröte. Stuttgart 1994

BAMBECK, JOERN J./WOLTERS, ANTJE: Jeder kann gewinnen. München 1990

BECK, REINHILDE/SCHWARZ, GOTTHART: Konfliktmanagement. Alling 1995

BECKER, HORST/LANGOSCH, INGO: Produktivität und Menschlichkeit. Organisationsentwicklung und ihre Anwendung in der Praxis. Stuttgart 1990

BERKEL, KARL: Konflikttraining. Konflikte verstehen, analysieren, bewältigen. Heidelberg 1997

BERTH, ROLF: Erfolg. Überlegenheitsmanagement. 12 Mind-Profit Strategien mit ausführlichen Testprogrammen. Düsseldorf o. J.

BESEMER, CHRISTOPH: Mediation. Vermittlung in Konflikten. Eine Veröffentlichung der Stiftung gewaltfreies Leben (Königsfeld) und der Werkstatt für Gewaltfreie Aktion. Baden, Heidelberg, Freiburg 1993

ZUR BONSEN, MATTHIAS: Führen mit Visionen. Der Weg zum ganzheitlichen Management. Wiesbaden 1994

BREIDENBACH, STEPHAN: Mediation. Struktur, Chancen und Risiken von Vermittlung im Konflikt. Köln 1995

BUCHINGER, KURT: Konfliktmanagement heute: Ich-Autonomie genügt nicht. Leider, in Hernsteiner. Fachzeitschrift für Management-Entwicklung. Wien 3/1994, 7. Jahrgang, S. 10-15

BÜHL, W.L. (Hrsg.): Konflikt und Konfliktstrategie. Ansätze zu einer soziologischen Konflikttheorie. München 1973

FROMM, ERICH: Die Kunst des Liebens. Frankfurt/Main 1980

GAMBER, PAUL: Konflikte und Aggression im Betrieb. Problem-

lösungen mit Übungen, Tests und Experimenten. München 1995
GEISSLER, KARLHEINZ A.: Zeit: „Verweile doch, du bist so schön!“ Weinheim, Berlin 1996
GLASL, FRIEDRICH: Konfliktmanagement. Ein Handbuch zur Diagnose und Behandlung von Konflikten für Organisationen und ihre Berater. Bern, Stuttgart 1994
GRIMM, BERNHARD A.: Macht und Verantwortung. Ein Anti-Machiavelli für Führungskräfte. Wiesbaden 1996
HUGO-BECKER, ANNEGRET/BECKER, HENNING: Psychologisches Konfliktmanagement. Menschenkenntnis, Konfliktfähigkeit, Kooperation, in: Beck-Wirtschaftsberater. München 1996
KINDLER, HERBERT S.: Konflikte konstruktiv lösen. Produktive Teamarbeit. Streß und Spannungen abbauen. Lösungsvorschläge. Fallstudien/Checklisten. Wien 1994
KÖNIGSWIESER, ROSWITA: Konfliktintervention – ein Modell, in: Hernsteiner. Fachzeitschrift für Management-Entwicklung. Wien 3/1994, 7. Jahrgang, S. 16-20
KÖNIGSWIESER, ROSWITA (Hrsg.): Risiko-Dialog: Zukunft ohne Harmonieformel. Köln 1996
LAY, RUPERT: Bedingungen des Glücks. Ein Buch, zu sich selbst zu finden. Hildesheim 1993
LENGLACHNER, MARLIES/SCHMITZ, CHRISTOF/WEYRER, MATHIAS: Vom Streit zum Unternehmensdialog. Konflikte als Potential der Unternehmensentwicklung, in: Hernsteiner. Fachzeitschrift für Management-Entwicklung. Wien 3/1994, 7. Jahrgang, S. 4-10
LUMMA, KLAUS: Strategien der Konfliktlösung. Hamburg 1992
MC CAUGHAN, NANO/PALMER, BARRY: Leiten und leiden. Systemisches Denken für genervte Führungskräfte. Dortmund 1997
RIEMANN, FRITZ: Grundformen der Angst. Eine tiefenpsychologische Studie. München, Basel 1981
ROBBINS, ANTHONY: Das Powerprinzip. Grenzenlose Energie. Wie Sie Ihre persönlichen Schwächen in positive Energie verwandeln. München 1986

SCHLAG, HANS-GÜNTHER: Abenteuer Führung. Der Weg nach oben. München 1993
SCHULZ VON THUN, FRIEDEMANN: Miteinander reden. Störungen und Klärungen. Teil 1: Allgemeine Psychologie der Kommunikation; Stile, Werte und Persönlichkeitsentwicklung. Teil 2: Differentielle Psychologie der Kommunikation. Reinbek bei Hamburg 1989
SCHWARZ, GERHARD: Konfliktmanagement. Sechs Grundmodelle der Konfliktlösung. 3. Auflage, Wiesbaden 1997
SCHWARZ, GERHARD: Zur Theorie der Konfliktintervention, in Hernsteiner. Fachzeitschrift für Managment-Entwicklung. Wien 3/1994, 7. Jahrgang, S. 21-24
SPRENGER, REINHARD K.: Mythos Motivation. Wege aus einer Sackgasse. Frankfurt/Main 1991
VOLLMER, GÜNTER/HOBERG, GERRIT: Kommunikation: sich besser verständigen, sich besser verstehen. Stuttgart 1994
WATZLAWICK, PAUL: Wie wirklich ist die Wirklichkeit? Wahn, Täuschung, Verstehen. München 1978
WITTSCHIER, BERND: Das Zwischen als dialogischer Logos. Die Bedeutung der Anthropologie Martin Bubers für die Pädagogik. Frankfurt/Main, Bern 1980
– Das Verkaufen im angestammten Geschäft wird immer schwieriger, in: Zukunft Verkauf. Neue Wege für Ihren Erfolg. Würzburg 1995, S. 245 – 258
– Strategien der Strukturvertriebe, in: Strategien in Versicherungsnetzwerken. Wuppertal 1994
– Ihre Sprache, wichtigstes Kommunikationsmittel, in: Job-Fit, St. Gallen, S. 129-144
– Plädoyer für eine kreative Streitkultur, in: WWP Karriereberater 3/1997, S. 55 – 66
– Konflikt-Management im Unternehmen. Wege zur sach- und interessengerechten Problemlösung, in: Industrie Service 6/1997, S. 104
WITTSCHIER, STURM-MARIA: Verwantwortet leben. Orientierungshilfe für eine christliche Erziehung. Stuttgart 1976

Der Autor

Dr. Bernd M. Wittschier, Jahrgang 1949, promovierter Philosoph und pädagogischer Psychologe, war über zehn Jahre Führungskraft und Manager in exponierter Stellung für Vertrieb, Aus- und Weiterbildung eines der größten Finanzdienstleistungs-Unternehmen in Deutschland. Er sammelte in dieser Zeit reichhaltige praktische Erfahrungen in den Bereichen Führung, Vertrieb, Verkauf und leitete Hunderte von Trainings und Seminaren für Führungskräfte aller Management-Ebenen. Als Leiter und Moderator von Besprechungen und Verhandlungen entwickelte er seine Fähigkeit für kreative Konfliktlösungen.

Er ist ein erfahrener Kommunikationsexperte mit Selbst- und Supervisionserfahrung, entdeckte bereits Ende der 80er Jahre die praxisorientierte Methode der Mediation und blickt zurück auf rund 600 erfolgreich durchgeführte Konfliktlösungen in Einzelberatungen und Gruppenprozessen als Mediator. Vor einigen Jahren gründete er das Unternehmen: 4 · 2 · 3 Konflikt-Dialog-Mediation, Beratung und Training für die Wirtschaft.

Für weitere Informationen wenden Sie sich an:

Dr. Bernd M. Wittschier
Blankenheimer Weg 31
50374 Erftstadt
Fon 022 35/46 17 57
Fax 022 35/ 4 43 61